EUTHANASIE

OU

MES DERNIERS ENTRETIENS

AVEC ELLE.

Καλός γάρ ὁ κίνδυνος, καὶ χρή τὰ τοιαῦτα ὥσπερ ἐπάδειν ἑαυτῷ.

PLATO.

EUTHANASIE,

OU

MES DERNIERS ENTRETIENS

AVEC ELLE

SUR L'IMMORTALITÉ DE L'AME,

Par J. H. MEISTER.

A PARIS,

CHEZ ANT. AUG. RENOUARD.

M. DCCC IX.

AVERTISSEMENT
DE L'ÉDITEUR.

Lecteurs, si vous êtes assez heureux pour ne plus conserver aucun doute sur l'immortalité de votre ame, laissez là ce foible écrit. Les raisonnements par lesquels l'auteur tâche d'appuyer une si consolante doctrine, ne sont peut-être pas ceux qui vous ont le plus touchés. La forme et le but de l'ouvrage n'ont pas permis de développer suffisamment ceux qui, selon toute apparence, ont seuls déterminé votre conviction.

Laissez encore là cet écrit, vous qui, résolus de ne rien admettre que ce qu'on peut démontrer aussi clairement qu'une proposition de géométrie, quoique vous vous trouviez forcés, dans le cours de la vie, de croire, et de croire très positivement, une foule de choses qui ne seront jamais susceptibles d'une pareille démonstration. Gardez-vous bien plus encore de le lire, vous qui craignez de vous survivre, qui calomniez l'existence dont vos excès ou votre ingratitude ont flétri tout le charme, et qui ne voyez plus d'autre asyle pour vous et pour vos remords que l'abîme éternel du néant.

Mais vous, êtres bons et sensibles, si, comme Socrate ou Cicéron, en embrassant avec joie les espérances qui nous présagent une destinée éternelle, vous ne croyez pas en être plus sûrs qu'on ne peut l'être sans une révélation divine, j'ose espérer que cet écrit, malgré tout ce qu'il laisse à de irer, obtiendra votre indulgence, et vous rappellera des sentiments qui vous sont chers, dont vous avez éprouvé le bonheur, et dont vous avez reconnu l'utilité.

Peut-être vous indiquera-t-il encore l'unique source où nous puissions puiser de plus vives lumieres, de plus douces certitudes [1].

(1) Ces Entretiens ne sont point une fiction : ils ont toute la vérité qu'a pu leur conserver la fidélité de ma mémoire. En me permettant de l'altérer à mon gré, j'eusse réussi peut-être à prévenir de justes critiques, des reproches encore plus graves ; mais en même temps j'eusse trop risqué de faire perdre à l'ouvrage le plus grand mérite qu'il puisse avoir, et pour moi-même et pour les amis à qui j'ai desiré d'en offrir l'hommage.

EUTHANASIE

OU

MES DERNIERS ENTRETIENS

AVEC ELLE.

~~~~~~

PREMIER ENTRETIEN.

Il y avoit déja plus de dix-huit mois
que la plus intéressante des femmes,
quoique encore à la fleur de l'âge, se
voyoit dépérir sensiblement chaque jour.
Un soir qu'après beaucoup d'agitations
elle paroissoit avoir retrouvé quelques
instants de calme, j'étois au chevet de son
lit; je la regardois avec l'attention d'une
tendre inquiétude, mais dans le plus profond silence, espérant qu'elle jouissoit
enfin d'un sommeil tranquille. Elle ou-
vrit tout-à-coup les yeux, et, les tour-

nant vers son ami, c'est avec tout le charme naturel de sa voix, mais avec un accent qui déchire encore mon cœur en ce moment, qu'elle me dit : Je ne dors pas, mais je sens que bientôt, bientôt je dormirai toujours.

Et votre ami !

Il veillera peut-être encore quelque temps, et s'occupera de celle qui ne sera plus ; ensuite il s'endormira comme moi. Le repos de la tombe ensevelira ses souvenirs et ses regrets ainsi que les miens... Un sage n'a-t-il pas dit que des jours fortunés du plus grand monarque, il en est peu dont le bonheur soit aussi pur que celui d'une nuit où notre sommeil est assez calme, assez profond pour n'être troublé d'aucun songe, *d'aucune rêverie ?*

Est-ce l'unique consolation que la plus sensible des amies veuille laisser à celui qui ne vivoit que pour elle et par elle, qui comptoit sur une éternité de bonheur !

Dépend-il, hélas! de moi d'en trouver une meilleure?

Ah! du moins dans nos espérances.

Comme vous, j'en voudrois aimer le rêve consolateur. Mais ne voyez-vous pas ces preuves trop évidentes d'une entiere dissolution? L'insomnie et les souffrances n'ont-elles pas affoibli, brisé tous les ressorts de mon être? L'étincelle du feu caché qui les anime n'est-elle pas prête à s'éteindre? Tant que la vie conserve son énergie, elle nous empêche de croire à la mort; mais quand la mort approche de nous avec son lugubre cortege, comment croire encore à la vie?

Mille et mille accidents peuvent sans doute en interrompre le cours, et dans l'homme, et dans tous les êtres animés qui l'entourent. Cette même vie cependant, quoique en apparence entièrement détruite, ne la voyons-nous pas très souvent reprendre son cours et re-

paroître bientôt dans toute la plénitude
de sa force et de son activité ? Ces arbres,
ces plantes, ces oiseaux, qui meurent
l'hiver, ne ressuscitent-ils pas à la douce
chaleur du printemps ? Un profond
sommeil diffère bien peu de la mort ;
et n'est-il pas suivi communément du
plus facile, du plus heureux réveil ? Que
d'hommes, après avoir été, même assez
long-temps, dans l'état d'asphyxie le plus
décidé, ne sont-ils pas revenus à la vie,
n'ont-ils pas recouvré le sentiment et la
pensée de leur premiere existence, quoique de l'intervalle qu'a duré cette espece
d'anéantissement, il ne reste aucune trace
dans leur souvenir !

Ces rapprochements ont amusé quelquefois mes rêveries solitaires ; mais
quelle force pourroient-ils avoir à côté
du sentiment qui découvre sous mes pas
l'abîme où tout s'engloutit ! Comme les
arbres, les plantes et les oiseaux, nous

mourons quelquefois, nous mourons par degrés avant de mourir tout-à-fait ; mais le dernier terme en est-il moins le dernier sans retour ?

Je crois que, pour en avoir souvent abusé, nous nous sommes accoutumés à traiter trop légèrement la logique des comparaisons. Il en est de si justes et de si sensibles qu'elles ne devroient avoir guere moins de poids que les meilleures raisons ; et l'on pourroit citer un assez grand nombre de belles et d'utiles vérités que nous n'aurions jamais eu le bonheur d'atteindre, en les cherchant par une autre route. Ce n'est pourtant pas sur de simples comparaisons que je prétends fonder l'espérance dont j'ai tant de besoin, lorsque je vous vois si foible et si souffrante. En rappelant les exemples multipliés qu'offre la nature d'une vie éteinte et renouvelée, d'une résurrection qui, moins fréquente, nous sembleroit sans doute plus miraculeuse, je n'ai voulu prouver qu'une chose, c'est que le principe de la vie peut disparoître entièrement à nos yeux, et cependant exister encore dans toute sa force. Ne trouvez-vous pas ce simple résultat de mes rapprochements d'une conséquence rigoureuse, incontestable?

Oui.

_ Il ne seroit donc pas impossible que le mouvement de ces arteres eût cessé, que ce souffle expirât sur ces levres, que tous nos efforts pour le rappeler fussent inutiles, et que le sentiment qui m'attache à mon amie conserve encore cependant ce qu'il y a de plus vrai, de plus constant, de plus céleste dans ses rapports avec elle. Ah! comment ne pas s'abandonner au charme de la plus sublime des idées qu'ait jamais pu concevoir l'amour ou l'amitié? Durant le peu de jours qui pourront nous séparer, mais dont la durée paroîtra toujours bien longue et bien pénible, laissez-moi jouir du calme et du bonheur que vous éprouverez après tant de peines et de souffrances. Et vous, mon incomparable amie, au milieu des félicités les plus dignes de vous, n'aimeriez-vous pas encore à penser que vous ne cessez pas un instant d'être l'objet de mes plus vives espérances, comme de mes plus tendres regrets?

Votre sensibilité nous fait aller plus vîte que votre raison, mais avec un charme si doux, que je crois en ce moment ressusciter moi-même. Le tendre intérêt que j'inspire encore à mon ami vient de ranimer le flambeau presque éteint. Profitons-en; je me trouve en état de l'écouter et de le suivre... Peut-être même, hélas! de ne répondre que trop juste à ce qu'il voudroit me persuader.

En effet vos joues viennent de reprendre leur couleur habituelle, votre voix, toujours si douce, est aussi ferme, aussi sonore que jamais, et l'aimable sourire qui peint si bien la grace et la finesse de votre esprit a reparu sur vos lèvres. N'ê-tes-vous pas frappée vous-même d'un changement si prompt, l'effet instan-tané d'une seule pensée, d'un seul senti-ment? Votre état de foiblesse et de lan-gueur n'est, hélas! que trop sûrement encore le même qui vous accabloit si fort il n'y a qu'un moment. Où chercher, où découvrir la véritable cause du sentiment de force et de vie que vous venez d'éprou-ver... et si subitement? Il faut bien l'at-tribuer à ce principe caché qui modifie sans cesse tous les mouvements de notre organisation, comme lui-même est sans cesse modifié par elle.

Je me serai bientôt perdue avec vous dans le labyrinthe mystérieux de mes propres sensations... Notre sensibilité ne ressembleroit-elle pas à la harpe d'Éole?

Sait-elle quel degré d'élasticité dans l'air tend ou détend d'un instant à l'autre ses cordes, et, les livrant au vent léger qui se joue autour d'elle, en tire des sons plus ou moins sensibles, plus ou moins mélodieux?

Non, la harpe d'Éole n'en sait rien; mais notre sensibilité paroît bien en savoir quelque chose; et, dans ce genre, le doute même le plus vague ne seroit-il pas déja l'indice d'une faculté bien merveilleuse? Si, sous beaucoup de rapports, notre existence est purement passive, et c'est ce qu'on éprouve sur-tout d'une maniere trop sensible lorsqu'on est malade, il n'en est pas moins vrai que, sous d'autres rapports, elle est essentiellement active; et c'est même de ce dernier état de notre être que nous avons sans contredit le sentiment le plus clair, le plus sûr, le plus intime. Nos idées, comme nos impressions, semblent dépendre tout-à-fait de nos organes et des qualités qui les distinguent le plus constamment, ou des modifications particulières dont ces mêmes organes peuvent devenir susceptibles. J'en conviens. Mais quel nom donner à l'organe qui suit les différentes impressions de tous les autres, les recueille, les combine, les arrête, les dirige à son gré, du moins dans mille et mille circonstances où l'influence décidée de cette action ne sauroit être mise en doute?

Je sais bien le nom que vous aimeriez à lui donner. C'est de tous les mots de la langue celui que moi-même j'aimerois le mieux si j'étois assez heureuse pour le comprendre.

Eh! que savons-nous, que comprenons-nous? Quelques rapports de nombres et de sons, de formes et de couleurs, de poids et de mesures, des séries de propositions identiques tellement pro-

longées que la derniere de ces propositions rapprochée de la premiere, nous
semble une découverte. Si nous ne vou-
lions croire que ce que nous sommes en
état de comprendre, ne douterions-nous
pas de notre propre existence? Nos sens
nous attestent bien celle de notre corps;
mais ce corps qui nous environne de si
près, est-il bien sûrement nous? Peut-
être ne l'est-il pas davantage que ceux
que nous voyons le plus loin de nous dans
l'immensité de l'espace. A nous entendre,
dans la vie commune, on diroit qu'il n'y
a de réalité que dans les objets visibles;
mais avec un peu de recueillement et de
réflexion, on a bientôt compris que ce
sont justement les objets visibles de la réalité desquels nous pouvons le moins nous
assurer, dont l'existence encore au fond
nous importe le moins.

Voilà, je l'avoue, une doctrine qui
devroit plaire à quiconque est aussi près

que moi de passer dans l'empire des ombres.

Et ceux qui jouissent de la santé la plus vigoureuse en apparence, n'en sont-ils pas quelquefois tout aussi près, et même encore plus près que les malades qui conservent le moins d'espoir? Est-ce la peine d'ailleurs de compter pour beaucoup le plus ou le moins d'intervalle qui reste à franchir aux uns comme aux autres? Mais le peu de considération que l'on devroit avoir pour les choses visibles en métaphysique comme en morale, n'est pas assurément d'une conséquence moins utile dans ce monde-ci que dans tout autre.

J'aurois été bien fâchée, mon ami, que ma triste réflexion, ou, si vous voulez, ma mauvaise plaisanterie vous eût empêché de continuer à me développer votre idée. Je ne vous interromprai plus.

Quelque intérêt que j'attache à vous

persuader ce dont il me seroit si doux
d'achever de me convaincre moi-même,
je ne crains point, croyez-moi, d'être
interrompu par tout ce qui me rappelle
votre présence d'esprit accoutumée, ou
la gaieté naturelle de votre humeur...
Mais vous voulez que je poursuive mon
raisonnement. Plus je m'observe moi-
même et tout ce qui m'entoure, plus je
me persuade que c'est dans un monde
invisible qu'il faut chercher le principe
moteur des phénomenes qui nous environnent, la cause premiere de tous les
changements et de toutes les révolutions
que nous leur voyons subir. En contem-
plant ces phénomenes, en suivant toutes
leurs vicissitudes, en recueillant nos observations et en les liant autant qu'il nous
est possible, en les combinant les unes avec
les autres, à force d'attention et de sagacité, nous parvenons à découvrir quelques causes très prochaines et très appa-

rentes de ces phénomenes, ou, pour
parler avec plus de justesse, les occasions et les circonstances dans lesquelles
nous les voyons reparoître ou s'évanouir
à nos yeux. Après avoir vu si souvent le
jour renaître à l'approche du soleil, je
ne puis guere douter que la présence de
ce corps céleste ne soit la cause prochaine
de la lumière. Mais quand j'aurois conçu
l'optique de Newton aussi distinctement
qu'il put la concevoir lui-même, en com-
prendrois-je mieux comment les objets
éclairés par les rayons du soleil, après
avoir frappé la rétine de l'œil, portent
leur image jusqu'au fond de cet organe,
y laissent une empreinte tantôt vive et
passagere, tantôt profonde et durable,
une empreinte qui s'efface et se renouvelle en quelque sorte au gré d'un autre
organe, dont les uns ne soupçonnent
pas même le mystere, dont d'autres ont
pris le parti de nier absolument l'exis-

tence, mais dont l'action n'en est ni moins évidente ni moins inexplicable?

Oui. Mais chacun de nos organes ne seroit-il pas la tige d'une série d'idées ou d'images dépendant uniquement des impressions dont chacun de ces organes est susceptible, et l'est exclusivement [1]?

(1) Cette idée, sur laquelle repose tout le système du docteur Gall, ne se trouve-t-elle pas en contradiction avec les phénomenes les plus communs et les plus frappants de notre faculté de penser? L'exercice le plus remarquable et le plus habituel de cette faculté, la plupart des produits de notre intelligence et de notre travail, comme les plus nobles et les plus étonnantes conceptions du talent et du génie, supposent évidemment l'action combinée de plusieurs facultés différentes, ou, si l'on veut, celle de plusieurs organes très distincts, une concentration de forces, absolument inexplicable dans tout système où l'on ne donne pas à ces forces un foyer commun, un premier principe moteur, quelque simple ou quelque compliquée

N'a-t-on pas observé que des hommes, après avoir joui du sens de la vue une partie de leur vie, sont devenus tellement aveugles qu'ils ont perdu toute idée, tout souvenir relatif aux impressions de cet organe?

On l'assure; et qu'après leur mort le cerveau de ces hommes ayant été soigneusement disséqué, l'on a trouvé non seulement la partie extérieure de l'œil, mais la totalité même des fibres intérieures de l'organe, ou viciée, ou complètement détruite. Je ne sais si l'observation est bien constatée. Il en est une autre avérée par des expériences très multipliées, et qui paroît diamétralement opposée à ce fait au moins très rare et très insolite; c'est que pour avoir été privé par quelque acci-

qu'on puisse supposer l'organisation générale et particulière dont il dirige le ressort et les mouvements.

dent ou par quelque maladie de telle ou telle partie de notre corps, les rapports de cette partie qui n'est plus à notre sensibilité intérieure se font ressentir encore, et souvent même avec beaucoup de vivacité. Mais quand l'observation que vous venez de me rappeler seroit parfaitement constatée, détruiroit-elle l'action du principe qui nous anime sur tous les organes encore subsistants, l'unité du pouvoir spontané qui recueille leurs différentes impressions, tour-à-tour les divise ou les combine, accélere le mouvement des unes, ralentit celui des autres, leur donne plus ou moins de suite, plus ou moins de force et d'intensité? Isolé par ses abstractions, ou par ses rêveries, ce pouvoir ne se crée-t-il pas en quelque sorte lui-même un monde intérieur, un monde idéal dont il parvient même à réaliser hors de lui certaines parties, certaines conceptions, et de plus d'une maniere, lesquelles réunies à son gré, forment un nouvel ensemble, quelquefois même l'ensemble le plus heureux; le plus imposant? Ce pouvoir créateur qui porte véritablement tous les caracteres d'une émanation divine, nous le voyons subsister encore chez les hommes privés dès leur naissance du sens de l'ouie, ou de la vue, ou de l'odorat, comme chez ceux qui n'ont pas cessé d'en jouir, pourvu que le premier principe de leur vie intellectuelle et morale ne soit point altéré.

Ce pouvoir créateur, ce principe divin peut donc être altéré, peut l'être ainsi que tout ce qui fait partie de cette misérable et merveilleuse machine!

Hélas! oui, les maladies, les vices, la folie, et même, sans tous ces déplorables accidents, les plus nobles et les plus douces de nos affections, lorsqu'elles ont le malheur de dépasser certaines limites. Cependant nous voyons que ce principe, après avoir été altéré de la maniere la plus effrayante, après avoir été comme anéanti, peut renaître encore, renaître avec sa première énergie, et ranimer en nous tous les souvenirs du passé, toutes les jouissances du présent, toutes les espérances de l'avenir.

En y regardant de plus près, il me semble que nous et le monde entier où nous venons passer quelques instants, ou qui passe lui-même quelques instants sous nos yeux, il me semble en vérité que tout ce grand spectacle ne ressemble pas mal à celui des ombres chinoises dont nous n'avons pas dédaigné de nous amuser quelquefois.

Relativement à notre foible intelligence peut-être. Mais toute foible et toute bornée qu'est cette intelligence, n'en voit-elle pas assez pour soupçonner quelque chose d'infini, quelque chose d'éternel au milieu de cette foule fugitive d'images et d'impressions qui se succedent continuellement avec tant de rapidité, les unes avec beaucoup de confusion à la vérité, mais les autres, vous en conviendrez, avec l'ordre le plus constant et le plus admirable? Quoi qu'il en soit, il est temps de baisser la toile; je crains que cet entretien ne vous ait déja trop fatiguée : nous y reviendrons dans un autre moment.

~~~~~~

SECOND ENTRETIEN.

LE lendemain de cette conversation j'allai revoir mon amie. Quoique toujours bien foible, je la trouvai moins abattue, tout à la fois plus calme et plus ranimée que je ne l'avois vue depuis plusieurs semaines. Une douce lueur d'espoir brilloit dans ses yeux, et mon cœur la recueillit avec avidité. Vous vous sentez mieux ce matin? lui dis-je; la nuit paroît avoir été moins agitée?

Moins en effet qu'elle ne l'avoit été depuis long-temps; quoique j'aie été d'abord très occupée de l'objet de notre dernier entretien. Mais l'étrange sensation que j'ai souvent éprouvée dans mes demi-rêveries, m'a plus frappée aujourd'hui que de coutume. Il me sembloit, et très distinctement, que j'étois deux personnes, l'une fort malade, à côté d'elle une autre qui l'étoit beaucoup moins, qui tantôt se tourmentoit pour la soulager, et tantôt, si elle n'eût pas été retenue par je ne sais quel sentiment de devoir ou de compassion, auroit été bien près de quitter sa triste compagne.

Je ne suis point surpris de cette rêverie, car je me rappelle en avoir eu souvent de pareilles. Sentir son être double, ou se croire à la fois deux personnes bien distinctes, est une illusion fort naturelle dans beaucoup de maladies; elle l'est souvent encore dans l'état de santé, lorsque l'on se sent entraîné tour-à-tour par des idées ou par des affections entièrement opposées l'une à l'autre. Peut-être même que cette illusion, tout bien considéré, n'en est pas une. Le grand Hippocrate a déja dit que l'homme étoit double. Un grand géomètre, un grand

métaphysicien, Pascal, a dit à-peu-près
la même chose, mais à la vérité dans un
autre sens.

En ma qualité de malade, c'est le sens
d'Hippocrate que je vous prierai de m'expliquer d'abord.

La chose est fort simple. Grace à la pré-
voyante bonté de la nature, il n'est aucun
organe essentiel de la vie organique et de la
vie animale qui ne soit réellement double,
et, sans doute, afin qu'en perdant l'un par
l'effet de quelque maladie ou de quelque
accident, à quoi nous ne sommes que
trop exposés à chaque instant, l'autre y
puisse suppléer, et prolonger ainsi quelques momens de plus la durée et les ressources de notre frêle existence. Nous
avons non seulement deux yeux, deux
oreilles, deux narines, etc.; notre cerveau se trouve encore divisé en deux
parties conformées assez communément
l'une comme l'autre. Ainsi l'une des par-

ties de notre cerveau, avec les différents organes qui viennent se perdre dans le dédale mystérieux de ses circonvolutions et de ses anfractuosités, toute cette partie peut être vivement altérée, tourmentée par de cruelles souffrances, se trouver quelquefois entièrement paralysée, entièrement détruite, et l'autre ne souffrir, pour ainsi dire, que par sympathie, jouir encore dans toute sa force du sentiment de la vie, et conserver ainsi le libre exercice de son activité.

Je crois entendre le sens d'Hippocrate. Me ferez-vous entendre aussi bien celui de Pascal ?

En vous rappelant ce que vous avez senti vous-même mille et mille fois, vous le comprendrez tout aussi bien que le plus profond de nos idéologues. Permettez-moi quelques questions. Avez-vous toujours été de votre avis ?

Il s'en faut de beaucoup.

Et votre avis, même le plus décidé, l'avez-vous toujours suivi?

Comme Médée [1].

Vous vous êtes donc trompée quelquefois vous-même?

Ah! trop souvent, quoique, j'ose l'espérer, d'une manière moins funeste, moins redoutable.

Ne vous seriez-vous jamais fait aucun reproche, comme de ne pas m'aimer assez?

Ou de vous aimer trop, de vous détourner souvent de vos études, de vous faire perdre beaucoup trop de tems.

Je suis loin de m'en plaindre.

Peut-être vous reprocherez-vous un de ces matins de n'en être pas convenu dans ce moment.

De quoi répondre pour l'avenir? Mais

[1] — *Video meliora, proboque; Deteriora sequor.*

OVID. *Metam. l.* VII, *v.* 20.

le plus gaiement ou le plus sérieusement
du monde, dans toutes les occasions où
nous ne trouvons point d'accord avec
nous-mêmes, ne sommes-nous bien sûrement qu'une seule et même personne?
Ne sentons-nous pas alors d'une maniere
très distincte que nous sommes deux êtres
intimément unis à la vérité, très dépen-
dants l'un de l'autre, mais ayant cependant des qualités et des déterminations
fort diverses, et par là même quelquefois
fort difficiles à concilier?

Il est sans doute impossible de ne pas
être étourdi de tant de contradictions de
notre propre pensée, de nos propres
penchants, de nos propres affections.
L'homme de tel âge, de tel état, de tel
jour, de tel moment, n'est plus à beaucoup d'égards celui de tel autre; et ces
dispositions si diverses se succedent avec
une mobilité si grande et si rapide que le
même homme doit souvent paroître, et

pour ainsi dire, dans le même instant en opposition très décidée avec lui-même. Mais je me l'explique, ce me semble, en considérant que la vivacité de nos souvenirs nous rend tellement présente l'idée de ce qui déja n'est plus, que nous croyons lutter avec cette espece de fantôme comme avec un autre nous-même.

Vous avez donné, je crois, à votre explication toute la vraisemblance et toute la clarté dont elle pouvoit être susceptible. Cependant je doute que Pascal voulût s'en contenter.

Et que me diroit-il?

Je n'ai point assez de présomption pour entreprendre de le faire parler lui-même. Ce sera donc tout simplement moi qui vous prierai d'observer qu'en ne luttant qu'avec vous-même, vous ne pouvez vous dispenser de reconnoître dans ce moment en vous deux actions diverses qui supposent aussi deux impulsions, deux forces

3.

différentes qu'on ne peut guère attribuer simultanément au même principe, à la même substance.

Ce raisonnement, que ce soit celui de Pascal ou le vôtre, m'éblouit et m'embrouille ; car il me semble en effet que je vois double.

A mon gré vous voyez très clair. Il y a constamment en nous, lorsque nous sommes parfaitement éveillés, et dans notre état naturel, une faculté qui commande et d'autres qui obéissent, un principe moteur et des mouvements déterminés par ce principe. Il existe souvent entre ces différentes facultés, entre ce premier principe et les organes habituellement soumis à son empire, une lutte trop réelle, des combats dont l'évènement n'est pas toujours aussi favorable qu'il devroit l'être au pouvoir le plus légitime. Mais tout vaincu qu'il est trop souvent, la légitimité, la supériorité naturelle même de ce pouvoir n'en paroît pas moins évidente. Après cela comment nier que l'homme soit double, triple, décuple, multiple à l'infini, si l'on veut, et cependant un?

Hélas! ce que je comprends le moins, c'est justement cette unité, si l'on prétend y voir autre chose que le résultat unique d'un grand nombre de parties différentes, de ressorts heureusement ou malheureusement combinés pour produire un seul effet, comme les différentes cordes de ma guitare ou les différents rouages de ma pendule.

Cette unité de notre être, cette simplicité parfaite du premier principe moteur de tous nos sentiments, de toutes nos pensées, de toutes nos actions, paroît n'être à vos yeux qu'une vaine hypothèse... et cependant vous dites: Ce que je comprends le moins. Est-il rien de plus simple, de plus nécessairement un

que ce *je*, ce *moi*[1], qui dicte vos paroles,
qui combine les impressions, les idées
dont ces paroles sont le reflet, et qui se
rendant compte à lui-même de ce qu'il
pense, de ce qu'il dit, de ce qu'il fait, a
le sentiment intime de son existence isolée, de son influence très positive sur
une partie de la matière soumise au mouvement de ses organes, qui reçoit les
avis de ses organes, les adopte ou les re-
jette, et qui du moins, lorsqu'il a la
pleine jouissance de son énergie, dispose
à son gré de leur emploi, de leurs mouvements, de toute l'action dont ces organes

(1) Cicéron l'avoit déja dit avant les Malle-
branche, les Pascal, les Leibnitz, et de la maniere la plus précise et la plus frappante : « *In
animi autem cognitione dubitare non possumus,
nisi planè in physicis plumbei sumus, quin nihil sit
animis admixtum, nihil concretum, nihil copula-
tum, nihil coagmentatum, nihil duplex. Quod cùm
ita sit, certè nec secerni, nec dividi, nec discerpi,
nec distrahi potest, nec interire igitur.* Tusc. 1, 29.

sont susceptibles. Remarquez encore, je vous prie, que ce sentiment du moi, ce principe moteur conserve même assez souvent son entière activité, lorsque tous les ressorts de la vie organique et de la vie animale semblent comme engourdis, ou lors même que nous touchons au moment de leur entière dissolution. Vous rappelez-vous ce beau tableau de la communion de S. Jérome, du Dominiquin? Le froid de la mort a saisi tous les muscles du respectable vieillard; la vie terrestre est prête à s'éteindre, ou plutôt elle a déja disparu; mais l'ame n'a pas encore quitté sa dépouille mortelle; elle anime encore ses regards mourants; elle erre encore sur ses levres. On n'a jamais exprimé d'une maniere plus touchante le passage effrayant et solennel de la vie à la mort, celui de la mort à une vie nouvelle. En regardant avec moi cette sublime composition, vous ne pûtes vous empêcher de vous écrier vous-même : Seroit-il donc vrai que l'on puisse mourir et vivre encore ? — Eh bien ! ce que l'artiste sut vous inspirer, croyez que la nature l'a dit mille et mille fois, et sans doute avec plus de force encore à ceux qui ont assisté aux derniers moments des personnes religieuses à qui le genre particulier de leur maladie ou de leur mort a laissé jusqu'à la fin le libre usage de leur pensée et de leur sensibilité [1].

(1) On en trouve plusieurs exemples remarquables dans les lettres de madame de Sévigné. Voyez ce qu'elle dit des derniers moments de son ami Saint Aubin, t. VIII, p. 182, et suiv. de l'édit. in-12 de Grouvelle.

« Les anciens regardoient déja ces élans remarquables du sentiment et de la pensée, ces pressentiments, ces présages si frappants qui souvent précèdent, pour ainsi dire, immédiatement le dernier souffle de la vie, comme des indices d'une ame immortelle ». Voyez le commencement du dix-huitieme livre de la *Biblioth. histor.* de

Peut-être. Mais combien d'autres aussi sont moris, hélas! long-temps avant de mourir. Ce que personne ne sauroit nier sans doute, c'est que le produit de l'organisation de l'homme est tout ce qu'il y a de plus étonnant dans l'univers, du moins dans la foible partie que nous en connoissons... Je me rappelle en ce moment les superbes anatomies en cire de Laumonier que nous avons été voir ensemble peu de temps avant ma maladie.

Diodore de Sicile. Πύθαγορας ὁ Σάμιος ϗ τινες ἕτεροι τῶν παλαιῶν φυσικῶν ἀπεφήναντο τὰς ψυχὰς τῶν ἀνθρώπων ὑπάρχειν ἀθανάτες· ἀκολέθως δὲ τῷ δόγματι τέτῳ, ϗ προγινώσκειν αὐτὰς τὰ μέλλοντα, καθ' ὃν ἂν καιρὸν ἐν τῇ τελευτῇ τὸν ἀπὸ τῦ σώματος χωρισμὸν ποιῶνται... Pythagore de Samos, et quelques autres naturalistes, croyoient que les ames humaines étoient immortelles, et qu'en conséquence, au moment de leur séparation du corps, se manifestoit leur faculté de connoître l'avenir.

Je crois avoir encore sous les yeux ces ramifications si subtiles et si multipliées d'un seul des systêmes dont se compose l'admirable économie du corps humain. En suivant la liaison si soutenue et si délicate de ces fibres, de ces vaisseaux, de ces ligaments divers, leur origine et leur fin mystérieuse, leur inconcevable multitude, la variété de leurs rapports, et le concert merveilleux de leur ensemble, n'est-il pas assez naturel d'imaginer que le produit d'une machine aussi compliquée, aussi miraculeuse doit être en effet quelque chose de plus parfait, de plus ingénieux, de plus unique, de plus spirituel enfin que celui d'aucune autre combinaison connue?

Ou bien la superbe prison, le magnifique berceau, quelque fragile qu'en soit la structure, d'un être appelé par le ciel aux plus sublimes destinées.

Tout modeste, mon ami, que vous

prétendez être, et qu'assurément vous êtes en effet à beaucoup d'égards, n'entreroit-il pas dans cette présomption un peu trop d'orgueil?

De l'orgueil de ce genre, combien de fois me suis-je reproché de n'en avoir pas assez? C'est précisément cet orgueil-là qui seroit le plus propre à tuer tous les autres... Mais revenons à vos belles anatomies. Consultez les Laumonier, les Haller, les Vicq-d'Azyr, les Soemmering, les Cuvier, les plus habiles, les plus profonds, les plus philosophes de nos anatomistes; malgré toute leur expérience, toute leur habileté, toute la sagacité de leur génie observateur, ils ne vous indiqueront pas mieux que moi la liaison et les rapports existants entre le moindre de ces organes si merveilleusement observés, si merveilleusement décrits par eux, et le sentiment le plus confus du moi, de ce moi qui se

4

rend compte des impressions qu'éprou-
vent nos organes, qui suit leurs mouvements, les rassemble, les anime, les arrête, en dispose à son gré. Leurs plus pro-
fondes recherches n'ont pas encore atteint
le moindre rapport réel entre l'organisation la plus ingénieuse de ces muscles et
de ces fibres avec la plus grossière, la
plus commune de nos pensées, le plus
léger, le plus fugitif de nos sentiments.
Si nos métaphysiciens et nos théosophes
n'ont jamais pu nous expliquer ce qu'é-
toit un esprit, une ame, les médecins et
les naturalistes ne nous ont pas défini
plus clairement ce qu'étoit un organe moteur de telle ou telle idée, de tel ou tel
penchant, pas même la maniere dont il
pouvoit l'être de tel ou tel mouvement
purement machinal, dès qu'il supposoit
un degré quelconque d'intention et de
spontanéité. Entre ce que nous voyons
et ce que nous ne pouvons nous dispen-

ser de supposer, en raison même des objets que nous voyons avec le plus de clarté, l'abyme est toujours immense, et plus
nous en approchons, plus il paroît impossible de le franchir. Nous, et le principe éternel du mouvement et de la vie,
voilà ce qu'il y a tout à la fois pour nous
de plus indubitable et de plus incom-
préhensible. Rien de si philosophique
donc à mon gré que ces belles paroles de
l'apôtre Saint Paul. « Ainsi ne nous lais-
« sons point abattre, parceque encore que
« notre homme extérieur se détruise,
« toutefois l'intérieur se renouvelle cha-
« que jour : puisque nous ne regardons
« point aux choses visibles, mais aux in-
« visibles, les choses visibles étant passa-
« geres, au lieu que les invisibles sont
« éternelles... »

Si cette philosophie risque de ne pas
trop paroître à l'usage des gens qui se
portent bien, les malades, il est vrai,

devroient être fort disposés à s'en accom-
moder. N'est-il pas un peu singulier cependant de ne pouvoir espérer de voir
clair qu'en se résignant à tenir les yeux
fermés ?

Quelque singuliere que l'idée vous
paroisse aujourd'hui, peut-être qu'en y
réfléchissant une autre fois vous la trou-
verez moins étrange. Il est trop vrai que
ce que nous voyons ou ce que nous
croyons voir nous empêche trop souvent
d'appercevoir ce qui est, ce qui doit être
de toute nécessité... En attendant, ne
fermez les yeux que pour dormir.

TROISIEME ENTRETIEN.

En y réfléchissant, mon ami, comme vous me l'aviez recommandé, j'ai compris que, si fermer les yeux pour ne pas voir ce qu'il dépendroit de nous de bien voir, était une folie, une grande folie, aussi commune parmi les gens du monde que parmi les philosophes à systême, fermer les yeux pour se rappeler plus fortement ce qu'on avoit bien vu, pour en tirer des conséquences plus justes, plus suivies, pouvoit être une idée raisonnable, et qui, j'ose le croire, m'avoit assez souvent réussi à moi-même.

Rien de plus certain. Mais ce n'est pas seulement pour se rappeler avec plus d'exactitude, avec plus de vivacité ce que l'on a cru voir le mieux, qu'on ne sauroit

faire trop d'efforts pour détourner absolument son attention de tous les objets
sensibles qui nous environnent et qui ne
cessent de nous distraire, c'est encore
pour écouter avec plus de recueillement
sa pensée intérieure.

Et qu'entendez-vous, je vous prie, par
cette pensée intérieure?

Ah! si je pouvois bien vous l'expliquer, il me semble que nous n'aurions
plus aucun doute sur tout le reste. Mais
je vais essayer du moins de vous indi-
quer par quelle série de réflexions fort
simples je me suis vu conduit où je voudrois vous faire arriver ainsi que moi.
Plus on suit attentivement la marche de
la nature, soit dans les impressions que
nous éprouvons à chaque instant nous-
mêmes, soit dans les objets extérieurs
que nos sens ou notre intelligence peuvent atteindre, plus on porte dans ces
recherches de sang froid, de sagacité, de

profondeur, plus on finit par se convaincre qu'après avoir vu dans ce genre
tout ce qu'il étoit possible de voir, ou
seulement d'appercevoir, l'esprit humain rencontre bientôt un terme que
ses plus grands efforts ne sauroient dépasser, et qu'au-delà de ce terme cependant il doit exister une série immense de
causes et d'effets intimement liée à la
très petite série de phénomenes que nous
sommes parvenus à distinguer, et dont
nous avons pu saisir l'enchaînement avec
plus ou moins de certitude, plus ou
moins de probabilité. C'est donc après
nous être assurés des limites infiniment
étroites de notre savoir, après avoir vu
clairement que nous ne voyons plus rien,
qu'un nouvel horizon se découvre, pour
ainsi dire, à l'œil de la pensée, que la nécessité d'un ordre invisible nous appa-
roît en quelque sorte dans toute son évi-
dence. Après avoir considéré cette foule

de déités sensibles qu'offroient de toute part les riches portiques d'Athenes, ce qui plus que tout le reste étonne et fixe les regards du plus philosophe des apôtres, c'est l'autel du Dieu inconnu. De même, après avoir admiré les merveilles les plus frappantes du grand et magnifique spectacle de la nature, après avoir tenté vainement d'en pénétrer les véritables causes, nous arrivons enfin à ce premier principe, à ce principe mystérieux qui confond toutes nos pensées, mais qui remplit notre ame de crainte et de confiance, de surprise et d'admiration. Où s'arrête notre ignorance commence bien réellement pour nous le vrai savoir, un savoir très supérieur à celui qui précede cette ignorance réfléchie, le plus clair, le plus infaillible des résultats où nous a conduits si péniblement ce premier savoir.

Je m'en étois bien douté qu'il n'étoit

pas donné à tout le monde de dire avec
notre ami Montaigne : Que sais-je? Mais
je ne suis pas surprise que beaucoup de
gens aiment mieux courir le risque de
rester en chemin toute leur vie que d'arriver à travers tant de peines et de veilles,
pour ne se trouver à la fin que dans des
ténebres plus visibles.

N'est-il donc pas un rayon d'espérance,
un pressentiment céleste qui pourroit les
éclairer tout à coup, et répandre la lumiere la plus douce, la plus consolante?

Je le voudrois bien.

Il me semble que je le voudrois encore plus pour vous que pour moi.
Quelle ame en fut jamais plus digne, et
quelle ame en devroit être plus susceptible que la vôtre! Mais enfin, que l'on
se livre ou non à ses espérances, que l'on
pense devoir les adopter ou les rejeter,
après l'examen le plus sévere, ou même
sans daigner y réfléchir, peut-on nier

que ces espérances, quoique modifiées sans doute de mille et mille manières, n'aient occupé dans tous les temps l'imagination et le cœur de l'homme? D'où lui viennent-elles?

On vous dira que ceux qui surent en tirer tant de parti pourroient fort bien les avoir inventées.

La morale et la politique en auroient-elles jamais pu faire l'usage qu'elles en ont fait, si le germe de ces espérances ne s'étoit pas trouvé jeté d'avance au fond de nos cœurs [1]? Et par quelle main?

[1] Qu'ils sont peu philosophes, qu'ils ont peu étudié le cœur humain, ceux qui peuvent croire que ce soit aux prêtres ou aux poëtes que nous devons la première origine de ces opinions et de ces sentiments où ils s'obstinent à ne voir que des illusions mensongeres, des préjugés superstitieux! La superstition est dans le cœur de presque tous les hommes, comme la crainte et l'espérance. C'est dans cette disposition natu-

L'invention même, si l'on veut, d'une telle idée n'annonceroit-elle pas une faculté bien supérieure à toutes celles dont notre organisation purement physique peut nous laisser entrevoir le mystère?

relle qu'il faut chercher la source première de nos principes religieux, et peut-être encore de notre moralité. C'est à cette source que les poëtes ont puisé leurs plus heureuses et leurs plus folles fictions; les prêtres les plus sublimes et les plus absurdes de leurs dogmes; les moralistes le plus sûr appui de la sagesse de leurs maximes; les politiques en ont fait la plus forte barriere du pouvoir des gouvernants, très heureusement encore la meilleure garantie des droits et de la liberté des gouvernés. — S'ils ne croyoient pas en Dieu, disoit M. de Voltaire, mon valet de chambre m'assassineroit tous les jours; le roi mon maître m'auroit déja fait piler dans un mortier.

Philosophie, disoit J. J. Rousseau, tes lois morales sont fort belles, mais montre-m'en, de grace, la sanction. Cesse un moment de battre la campagne, et dis-moi nettement ce que tu

Quiconque aime la vie doit concevoir, ce me semble sans peine, d'abord le desir, et bientôt après l'espérance de vivre toujours. Des hommes, qui n'avoient guère plus de chances pour régner

mets à la place du Poul-Serrha; de ce point que les Persans regardent comme le dernier examen et le vrai jugement final, parceque c'est là où se fera la séparation des bons avec les méchants.

Il faut croire, disent les livres Persans, d'après Chardin, qu'il y a véritablement un chemin réel; savoir : un corps matériel étendu sur le milieu de la gehenne, dont la superficie est plus étroite qu'un fil délié, et le chemin plus aigu que le tranchant d'un rasoir, sur lequel il est impossible de marcher sans être soutenu de la main toute puissante de Dieu. Les méchants y broncheront au premier pas, mais les fideles passeront ce pont plus vîte qu'un oiseau qui fend l'air, et ils entreront au paradis éternel.

Chardin ajoute ensuite plusieurs faits qui prouvent l'extrême importance que les Persans de toutes les classes attachent aux conséquences de cette doctrine.

que nous n'en avons pour ressusciter,
ont rêvé qu'ils avoient conquis un empire, et, tout couverts de haillons, au
haut d'un galetas, ou renfermés dans
une loge des Petites - Maisons, n'en
croyoient pas moins être empereurs ou
rois.

Ce qui devroit étonner encore plus,
c'est qu'à force de le rêver on le soit
devenu quelquefois tout de bon. Mais
quelque éblouissante que puisse paroître
une semblable fortune, qu'est-ce après
tout que le plus bel empire, qu'on est
toujours si sûr de perdre après quelque
peu de jours ou d'années, et quelquefois
beaucoup plutôt et beaucoup plus cruel-
lement qu'on ne pense ? qu'est-ce que le
plus bel empire à côté de l'immortalité ?
Cette dernière espérance, devenue, graces
au ciel, si commune, est tout autrement
hors de la sphère des rapports de notre
destinée actuelle, que ne peut l'être hors

5

de celle de l'individu le plus obscur la
possession du premier trône de l'univers.
On n'est point assez frappé de tout ce
qu'il y a de sublime dans cette faculté
d'espérer. Quel divin présage ! Espérer,
espérer, n'est-ce pas vivre en quelque
sorte déja dans le vague immense de cet
avenir dont une si merveilleuse faculté
nous cache constamment les bornes, ou
les recule sans cesse à nos yeux [1].

(1) Loin de suivre donc le conseil d'Horace,
de ne point se livrer à des espérances lointaines,
il faudroit tâcher au contraire d'en porter toujours le terme plus loin; et c'est ce que fait tout
naturellement l'imagination des ames vives et
sensibles. Ce sont les espérances dont le terme
est trop rapproché qui nous trompent le plus
souvent, et de la manière la plus perfide. Ces
espérances célestes, qui descendent de très haut,
et s'étendent au-delà des siècles, ne nous expo-
sent pas à de grands dangers, et nous assurent
cependant les plus douces, les plus sublimes jouissances que puissent éprouver de foibles mortels.

Quelques mauvais tours, hélas! que m'ait joué cette grande magicienne, il faudra bien admirer toujours l'étendue et les prodiges de son pouvoir. Sous ce rapport, et sous beaucoup d'autres encore, le contraste, je l'avoue, de nos vœux et de nos moyens, de nos forces et de nos foiblesses, présente à l'esprit une énigme dont l'obscurité doit inspirer autant de respect et d'effroi que d'impatience et de curiosité.

C'est dans la contemplation de cet étonnant contraste que les plus profonds penseurs ont cru reconnoître le premier moyen de découvrir l'admirable secret des destinées humaines. Que présumer, en effet, ou plutôt que ne pas présumer d'un être qui ne fait que passer comme une ombre sur la scene du monde, dont un souffle peut détruire à chaque instant l'existence éphémere, et dont les vœux et les projets s'étendent

cependant au-delà de la durée des siècles ; qui se trouve seul, unique au
milieu de cette foule d'êtres animés qui
l'entourent, qui tous paroissent subor-
donnés, si ce n'est à l'empire de sa force
physique, du moins à celui de sa pensée
et de sa volonté, ... tant qu'un léger
coup d'air ou quelque autre pouvoir plus
imperceptible encore n'est pas venu ren-
verser tout-à-coup le merveilleux édifice
de cet empire ! Que présumer, en effet,
ou plutôt que ne pas présumer d'un
être qui ne sut jamais pénétrer la véritable origine de la plus vulgaire de ses
pensées, la véritable cause du plus simple
et du plus habituel des mouvements de
son corps, et qui n'en a pas moins conquis le temps et l'espace, l'idée de l'ordre
et le sentiment céleste de l'harmonie,
calculé la distance des astres placés à
quelque cent millions de lieues de la
planete qu'il habite, suivi le cours ré-

gulier de ces mondes divers dans le vaste orbite que chacun se trouve forcé de parcourir, découvert tout à-la-fois l'infini dans la magnificence des cieux qui roulent sur sa tête, et l'infini dans le grain de poussière, dans la goutte de rosée qui tombe à ses pieds! Quel est celui de ses organes auquel il doit la révélation de tant de merveilles, la révélation mystérieuse de l'éternel, de l'infini? Que présumer, en effet, ou bien que ne pas présumer plutôt d'un être qui, tout borné qu'il est, tout isolé qu'il semble être à beaucoup d'égards, n'en a pas moins les rapports les plus sensibles avec la nature entière, avec celle que des sens ne peuvent atteindre, comme avec celle qu'embrassent ses regards, grace à l'heureuse magie de cet organe si délicat, où, dans un foyer presque imperceptible, se rassemble en un instant l'inconcevable multitude des

5.

rayons d'une étendue que toute la profondeur de nos calculs ne sauroit mesurer ? Ce merveilleux organe n'apperçoit pas seulement les objets placés à tant de millions de lieues de lui. Ce sont des impressions très vives qu'il en reçoit. Quoique à trente et quelques millions de lieues de la terre, la chaleur et la lumière du soleil arrivent jusqu'à nous avec la rapidité de l'éclair, et nous font éprouver tour-à-tour les sensations les plus douces et les plus douloureuses, des sensations capables de ranimer une vie presque éteinte, ou de la consumer en un instant. Que d'inexplicables rapports entre une existence aussi bornée, aussi fugitive, aussi tristement éphémere, et tout ce qu'il y a de plus grand, de plus infini, de plus éternel !

Je n'y pensai peut-être jamais comme vous m'y faites penser en ce moment. Mais il est vrai que toutes les fois que mon attention s'est portée sur ces idées, je n'ai pu me défendre d'éprouver pour notre pauvre espèce humaine un mélange inexprimable d'admiration et de pitié.

Ah! sans doute si la fin de cette vie devoit être l'irrévocable terme des destinées de l'homme, la fable de Tantale ne seroit qu'une foible image de tout leur malheur, j'oserois presque dire de toute l'injustice de la nature envers ce qu'elle a produit de plus étonnant, de plus sublime, du moins dans l'ordre des êtres qui nous sont connus.

Il n'y a point d'injustice où il n'y a point de droit. La différence entre être et ne pas être est tellement immense, qu'un seul instant d'existence heureuse, quoique précédé de beaucoup de peines, ou suivi de beaucoup de souffrances, comme celles qui depuis long-temps m'accablent, n'en paroît pas moins, même à mes tristes yeux, un don céleste, un bienfait incomparable, dont rien ne sauroit nous dispenser de rendre graces aux prodigues bontés de la nature.

O mon amie! combien j'adore et combien je partage le sentiment que vous venez d'exprimer avec tant de vérité! Me préserve le ciel d'oser jamais le combattre. Mais il n'en est pas moins vrai qu'en jetant dans le cœur de l'homme de si sublimes vœux, de si hautes espérances, qu'en le douant de facultés si merveilleuses, et dont les circonstances dans lesquelles il se trouve enchaîné sur la terre, étouffent trop souvent le germe, et ne permettent jamais l'entier développement, il semble que la nature ait fait à l'homme des promesses qu'il ne seroit ni de sa justice ni de sa bonté de rendre vaines. Comment concilier raisonnablement cet impérieux besoin de perfection et de bonheur avec l'absolue impossibilité de le jamais satisfaire dans ce monde ?

Que le ciel remplisse tous les vœux qu'a pu former une ame sensible, l'accomplissement le plus parfait de ses vœux y laisseroit-il moins un vuide que rien ne sauroit remplir [1]? Supposez encore que, borné dans ses vœux, l'homme ne trouve plus rien à desirer, l'idée d'une entiere destruction dans l'attente de cette mort dont la faux ne cesse d'être suspendue sur la tête de tout être mortel, l'idée d'un danger aussi terrible, aussi prochain, ne suffiroit-elle pas pour faire évanouir tout le charme de l'existence la plus heureuse? Le bienfait de la vie, quelque courte qu'en soit la durée, est inappréciable, sans doute. Mais l'essence

(1) Il y a du bonheur dans le repos qui suit l'action; il y en a peut-être un plus sensible encore dans l'action qui promet le repos; mais ce premier genre de bonheur est bientôt épuisé; l'autre s'éloigne constamment du but par les efforts même faits pour l'atteindre.

même d'un bienfait, les conditions auxquelles ce bienfait se trouve accordé, ne
forment-elles pas une espèce d'engagement entre la main qui le donne et la
main qui le reçoit?

Quelle créature humaine peut jamais
se flatter d'avoir rempli les devoirs d'un
tel engagement!

Peut-être la vertu qui souffre avec
autant de sérénité que de résignation ;
peut-être l'héroïsme qui s'immole à la
patrie, à l'amitié, qui brave tous les pé-
rils, toutes les douleurs pour servir ou
pour éclairer ses semblables.

Et quiconque remplit de si saints ou
de si sublimes devoirs, ne jouit-il pas
dans cet instant de plusieurs siècles
d'existence, d'une immortalité de gloire
et de bonheur ?

Je le pense comme vous. Cependant
les germes de tant de facultés non développées, ou dont le développement se

trouve arrêté par des obstacles invinci-
bles, ces élans vers un avenir inconnu,
ce desir, ce besoin d'être dont les jouissances sont si fugitives et les difficultés
si pénibles, ce besoin d'exister au-delà
du cercle borné de la vie, ces longues,
ces éternelles espérances qui n'atteignent
jamais le terme auquel l'homme aspire,
et qu'il sembloit pourtant de sa destination d'atteindre, ne seroient-ce pas autant
de moyens prodigués sans objet, des conceptions toujours admirables, à la vérité,
mais par-là même d'autant plus inconsé-
quentes, puisqu'elles n'offriroient aucun
résultat digne de la pensée qui les a conçues? Tout dans la nature physique nous
montre un accord si parfait! Comment
cet accord n'existeroit-il pas aussi dans
les rapports d'une nature plus élevée,
et qui porte a tant d'égards le caractère
d'une empreinte plus puissante et plus
divine? Quel étrange et quel inconce-

vable phénomene que cette faculté de
soumettre les affections les plus vives de
notre intérêt personnel à l'intérêt général, à ces idées éternelles de convenance,
d'ordre et de justice, à ces sentiments
de pitié, d'équité, de générosité, qui,
malgré toute la violence des passions
diamétralement opposées à ces mêmes
idées, à ces mêmes sentiments, conservent encore sur les ames honnêtes et
sensibles tant de force et tant d'ascendant! Quel étrange et quel inconcevable
phénomene pour quiconque s'obstine à
ne pas y reconnoître le lien par lequel
nous devons dépendre nécessairement
d'un ordre de choses invisible, d'un
ordre de choses très supérieur à celui
de nos destinées sur la terre [1]! C'est en

_____

(1) Cette dépendance d'un ordre invisible est
un fait incontestable, et qu'on est forcé d'admettre dans les systèmes d'ailleurs les plus

sortant du cercle borné de ses sensations habituelles, en se transportant en quelque sorte dans ce monde invisible, que notre pensée y trouve le levier nécessaire pour déterminer tous ses mouvements , pour exercer sur eux le plus noble empire. Ce point hors de nous n'est-il pas pour nous gouverner raisonnablement nous-mêmes,

opposés l'un à l'autre. Quelque influence que la pensée ou la volonté de l'homme paroisse avoir sur la marche de certains événements, cette influence est toujours soumise à des circonstances qu'il est également impossible de prévoir et de prévenir. Quelle est l'entreprise, quel est le succès, quelle est la destinée dont on ne pourroit dire ce que le maréchal de Saxe disoit à Louis XV après la victoire de Fontenoy : Vous voyez, Sire, à quoi tient le sort des batailles !... Le temps, l'avenir, l'instant qui termine la vie comme celui qui la commence, ne sont-ils pas hors de la portée de nos calculs, ainsi que toutes les révolutions secretes et subites de la nature physique et morale? La plus celui que cherchoit Archimede pour remuer le monde à son gré?

L'heureux moyen de satisfaire la plus innocente et la plus sublime de toutes les ambitions! Je l'envie autant que je l'admire... Les ames sensibles et vertueuses auroient donc quelques probabilités de plus pour se croire immortelles?

grande énergie de puissance dont l'homme jouit aujourd'hui lui garantit-elle son existence du lendemain, celle de l'instant même qui va suivre l'instant fugitif où son orgueil ose s'en applaudir? Quelle idée accablante pour quiconque ne voit dans l'ordre invisible qui le domine qu'une force aveugle, incertaine, impitoyable! C'est l'idée que nous nous formons des dispositions de cette force inconnue, qui décide essentiellement de notre repos et de notre moralité, qui devient la source des craintes et des puérilités les plus superstitieuses, ou celle des consolations et des espérances de la religion la plus douce et la plus pure, comme de la morale la plus sévere et la plus imposante.

Quelques probabilités de plus, peut-être [1] ; au moins plus de motifs sans doute de le désirer et de l'espérer.

(1) Je suis loin de vouloir disputer à qui que ce soit cette immortalité que je desire si fort pour moi-même. Mais, en conscience, quel intérêt trouveroient dans une autre vie, telle que la raison et les saintes Écritures nous permettent de la concevoir, ceux qui n'aiment véritablement ni Dieu, ni la nature, ni leurs semblables? Si nous voyons dans ce monde des hommes dont l'existence ne paroît que commencer, nous voyons aussi des êtres à figure humaine chez qui cette même existence semble prête à finir, chez qui du moins elle ne laisse imaginer ni prévoir aucun développement ultérieur. C'est au rapprochement de ces phénomenes que pourroit se rapporter aussi l'idée de Cébès, l'un des interlocuteurs de Phédon, qui veut bien convenir avec Socrate, que la vie actuelle de l'homme n'est peut-être ni la premiere ni la derniere révolution de son existence, mais qui ne croit pas que l'on puisse en conclure que cette existence doive être éternelle.

Je sens, mon ami, le besoin de reposer mon attention. Mais je desire que mes rêves puissent prolonger le charme des sublimes rêveries dont vous venez d'occuper mon esprit et mon cœur.

QUATRIEME ENTRETIEN.

Mon cœur et mon imagination ont fait bien du chemin dans la route où m'a conduit notre dernier entretien. Nos raisonnements ne rencontrent par-tout que des obstacles et des limites ; rien n'arrête au contraire nos sentiments et nos rêveries.

Et sommes-nous en effet plus sûrs de nos idées et de nos jugements que de nos vœux et de nos affections ? Ce que nous sommes le plus certains d'éprouver, ne seroit-ce pas encore l'irrésistible entraînement de ces vœux et de ces affections ?

Nous devons tour-à-tour le desirer et le craindre.

Sans doute. Cependant en est-il moins

6.

vrai que nos passions et nos espérances voient tout éternel [1].

Oui ; mais nos passions nous égarent, et nos espérances nous trompent.

Trop souvent. Ne seroit-il pas possible néanmoins que notre vue exaltée par l'influence de ces passions, par l'enthousiasme de ces espérances, comme elle l'est infailliblement sous beaucoup de rapports très sensibles, sous d'autres rapports plus élevés, grace encore à cette même influence, à ce même enthousiasme, portât aussi plus juste et plus

---

(1) Peut-être, parcequ'elles se voient elles-mêmes, parcequ'elles prêtent aux objets qu'elles embrassent le caractere de leur propre mouvement, de leur propre existence. L'objet auquel nous attachons nos vœux et nos affections n'est peut-être qu'un vain fantôme, une illusion fugitive et mensongere. Mais le sentiment qui poursuit cette illusion, le sentiment qui nous y attache, en a-t-il moins de force et de vérité, de vie et de durée ?

loin que lorsque nos sens ou notre raison se trouvent dans l'état vulgaire de leur calme habituel? Que d'importantes découvertes, d'entreprises merveilleuses, de vrais miracles, dont les hommes, dans tous les temps, ne furent redevables qu'à cette puissance du desir et de la volonté qui, dans une chose que jusqu'alors on croyoit impossible, ne vit plus qu'une chose extraordinaire, et par là même le but le plus digne de ses efforts et de son ambition ! La prodigieuse énergie à laquelle toute passion forte éleve momentanément le systême nerveux, ne doit-elle pas disposer de la maniere la plus favorable les organes de l'intelligence et de l'imagination à l'exercice le plus éminent de leurs différentes facultés ?

Mon ami, voilà bien à la lettre les principes d'une philosophie très exaltée.

Et lorsque cette exaltation est naturelle, pourquoi la philosophie qu'elle produit ne seroit-elle pas aussi vraie que celle qui ne porte au fait que sur des impressions moins fortes, moins énergiques, plus communes et plus grossieres? Je crois avoir observé cependant que l'espece de calme qui succede immédiatement à de vives agitations, et qui ne tient point encore de la fatigue ou de l'abattement, est de toutes les dispositions de notre être celle où notre ame conçoit le plus facilement de nouvelles lumieres, de grandes et sublimes pensées, de nobles vœux et de hautes espérances. Vous voyez que toute espece d'exaltation ne me paroît pas également desirable, et que je reconnois comme vous le danger de se laisser emporter au-delà de certaines limites.

Quand l'impulsion est une fois donnée, s'arrête-t-on où l'on veut?

Non. Mais communément où l'on a pris l'habitude de s'arrêter..., par respect pour des principes auxquels on a senti la nécessité de subordonner toutes ses affections et toutes ses pensées... Mais permettez-moi de revenir à l'objet de mes premieres questions. Quelles sont les vérités dont vous vous sentez le plus intimement convaincue?

Ce sont, je crois, celles que m'attestent le plus clairement des impressions souvent renouvelées, et toujours à-peu-près avec les mêmes circonstances.

Et ces impressions viennent-elles toujours du dehors?

Il en est, ce me semble, qui viennent aussi du dedans.

Et ces impressions intérieures n'auroient-elles pas encore un degré de certitude au-dessus des autres?

Il me semble en effet que je suis encore un peu plus sûre de sentir une chose, que je ne puis l'être de l'existence de cette même chose hors de moi.

N'est-il pas assez naturel d'en conclure que le degré de notre conviction doit être en raison de la force même de ces impressions intérieures?

Mais cette conviction ne risqueroit-elle pas d'avoir plus d'un inconvénient, si ces impressions intérieures ne se trouvoient pas d'accord avec ce qui bien réellement est hors de nous, ou même avec les impressions intérieures qui ne tarderont pas à suivre celles que nous éprouvons dans le moment?

Une pareille crainte est trop bien fondée; car les extravagances du fanatisme et de la superstition, les folies de tout genre n'ont leur source que dans une conviction de ce genre.

Eh bien! comment se laisser aller à votre doctrine, et se garantir de semblables folies?

Je suis loin de croire la chose impossible. Reprenons la suite des idées dont

nous sommes convenus. Nous croyons ce
que nous sentons; premier degré de conviction. Nous avons une idée claire de ce
que nous sentons; second degré. Nous
appercevons un rapport sensible entre
l'objet qui nous a fait impression et l'impression que nous en avons reçue, entre
l'impression actuelle et le souvenir de
celles qui l'ont précédée et de celles qui
peuvent la suivre; troisieme et quatrieme
degrés de conviction.

Oui; mais comment nous assurer de
la vérité de nos impressions intérieures,
de celles sur-tout qui paroissent n'avoir
aucun rapport avec les objets qui nous
entourent?

Elles en ont, elles doivent en avoir
toujours, si ce n'est des rapports directs,
au moins de convenance et d'analogie,
plus ou moins sensible, plus ou moins
rapprochée. C'est d'abord en les considérant sous ces différents rapports, en-

suite en les comparant entre elles, que
nous devons parvenir sans doute à nous
faire une idée assez juste et de leur influence et de leur réalité. Des impressions
intérieures d'accord entre elles acquie-
rent par là même un premier caractere
de vérité. Lorsque nous les voyons encore en harmonie avec les lois les plus
générales, les plus universellement recon-
nues et de la nature physique et de la
nature morale, ce caractere en devient
nécessairement plus auguste et plus frap-
pant. Ne doit-il pas entraîner encore
davantage notre plus intime conviction,
lorsqu'elles se lient tout naturellement
avec ces idées de justice, de bonté, de
bonheur que l'on ne sauroit séparer de
la nature de l'homme, puisqu'on en re-
trouve toujours quelque trace dans l'état
même le plus dégradé de ses affections,
comme dans les premiers, dans les plus

sublimes développements des facultés qui le distinguent?

Avant même de la bien comprendre, je ne puis m'empêcher d'aimer cette idée. Il me sera, je pense, beaucoup moins difficile de chercher la vérité dans la morale de nos sentiments que dans la métaphysique de nos abstractions.

Et vous serez plus sûre aussi de l'y trouver. La meilleure épreuve d'un système quelconque, c'est bien sa tendance morale. Ce qui sert à rendre les hommes meilleurs et plus constamment heureux ne peut guère manquer d'être vrai. — Hélas! fût-ce même une erreur, ne vaudroit-elle pas mieux que la vérité, s'il étoit possible que la vérité dût nous rendre moins bons ou moins heureux? Et maintenant, dites-moi, si de toutes les facultés de l'homme il en est une plus admirable, marquée au coin d'une empreinte plus divine que la faculté d'imaginer et d'espérer ? Dites-moi si de toutes les pensées auxquelles l'esprit humain put jamais s'élever, il en est une aussi douce, aussi consolante que la pensée de l'immortalité ? En est-il une qui soit aussi propre à entretenir, à exalter les plus pures et les plus nobles affections de l'ame, à nous déterminer aux plus généreux sacrifices, à nous faire supporter avec constance nos plus vives peines, nos plus douloureux mécomptes, nos plus cuisants chagrins, les plus cruelles injustices du sort et des hommes, le désespoir des séparations les plus déchirantes, toutes les douleurs et tous les fardeaux de la vie? Dites-moi s'il en est une seule qui soit comparable à cette pensée de l'immortalité destinée à tout réparer, à tout réunir, à récompenser la confiance des ames sensibles et vertueuses, à remplir leurs plus nobles vœux, à renouveler enfin, à compléter cette vie dont les commencements furent si foibles, si tourmentés, si pénibles, mais n'en furent pas moins accompagnés des plus heureux, des plus divins présages?

Ah! qui n'aimeroit à se livrer aux promesses d'un tel avenir! Pourquoi ne sont-elles pas du moins aussi sûres que l'éternel silence des tombeaux?

Elles le sont beaucoup plus à mon gré. Ce qui se trouve en accord avec l'économie générale de l'univers, avec les principes de l'ordre universel comme avec nos vœux les plus saints et les plus raisonnables, pourroit-il n'être qu'une vaine illusion?

Je vous entends; ce qui seroit si bien, ne peut manquer d'être réellement ou dans ce monde ou dans un autre, ou dans le temps ou dans l'éternité. Je veux re-

passer, mon ami, dans la solitude et dans
le recueillement toutes les idées dont
vous venez de m'entretenir; je les aime
comme Héloïse aimoit ses souvenirs.

Give all thou canst, and let me dream the rest.

~~~~~~

CINQUIEME ENTRETIEN.

Enfin, je vous revois. On m'avoit caché pendant plusieurs jours votre maladie, et je n'en ai connu le danger que lorsque vous avez pu prendre vous-même le soin de m'assurer de votre convalescence.

Oui, ma plus chere, je n'avois jamais vu de si près la sombre rive dont nous approchons chaque jour sans nous en douter. Mais, quelque obscure que me parût souvent la terrible route....

Vous disiez comme Montaigne : Allons avec courage où tant de braves gens sont allés avant nous.

Non, je disois, je pensois encore mieux du moins. Je me félicitois de franchir avant vous le pénible passage, de vous précéder dans ce monde trop inconnu.

7.

Pardonnez-le-moi; je ne m'en félicitois que dans l'idée d'y trouver un moyen quelconque de confirmer les espérances dont je vous avois si souvent entretenue, de parvenir peut-être....

Hélas! quelle communication peut-il exister entre la vie et la mort, le néant et l'existence même la plus débile, la plus prête à s'éteindre? Si des amis séparés par le redoutable abîme pouvoient avoir encore quelque rapport entre eux, aurions-nous besoin de tant d'efforts de raisonnement et de méditation pour nous persuader ce qu'il seroit alors si facile et si doux de croire?

Ainsi donc, si je vous avois promis de revenir de l'autre monde vous assurer de la réalité de nos plus douces espérances; si je vous apparoissois, en effet, après ma mort sous une forme sensible, et sous laquelle vous ne pourriez vous empêcher de me reconnoître; si je revenois vous rappeler, d'une maniere très distincte et très positive, la suite de nos plus secretes pensées, et si je vous assurois alors, d'une voix angélique, que tout ce que j'avois osé présumer de notre vie à venir existe bien réellement, et surpasse même toutes les idées, toutes les images que nous pouvons nous en faire dans nos rapports actuels, vous ne douteriez plus?

Je croirois à votre résurrection éternelle comme je crois à celle dont j'ai le bonheur de m'assurer en ce moment.

Comment ne pas envier après cela l'extrême bonheur de ceux qui sont arrivés par un moyen si simple au but que les efforts de tant de grands philosophes ne purent jamais atteindre, et qui jouissent avec sécurité d'une si douce persuasion?

Auriez-vous l'avantage d'en connoître quelques uns?

Un assez grand nombre.—

Comment ?

Oui, tous ceux qui croient qu'un sage
dont la vie entiere fut le plus parfait
modele de toutes les vertus, dont tous
les discours ne respiroient que la vérité
la plus pure et la plus sainte, dont les
actes de puissance les plus extraordinaires ne furent que des œuvres de miséricorde et de bonté; que ce sage a
péri d'une mort violente, dans les souffrances et dans l'humiliation, victime
auguste et volontaire de la plus cruelle
injustice ; qu'il est mort, et qu'après
être ressuscité le troisieme jour, comme
il l'avoit prédit à ses amis, il les a revus, non isolément, mais rassemblés et
réunis, les a revus dans plusieurs circonstances également frappantes, et n'a
cessé de les entretenir des mêmes espérances dont il les avoit entretenus avant
de les avoir confirmées par le plus mer-

veilleux comme par le plus consolant de tous les miracles [1].

Ah! si la conviction de notre esprit pouvoit dépendre uniquement du desir plus ou moins vif, plus ou moins sincere d'obtenir cette conviction, vous me verriez devenir chrétienne à l'instant.

Je le sais. On ne commande pas plus à sa foi qu'à sa conscience, lorsqu'on veut être sincere avec soi-même. Mais le desir,

[1] La résurrection de Jesus-Christ nous est toujours représentée dans le Nouveau-Testament comme le principal objet de la religion apportée aux hommes par cet envoyé céleste, comme la base essentielle et la plus haute garantie de cette nouvelle révélation. « Si Jésus-Christ n'est point ressuscité, dit S. Paul, notre prédication est vaine, et votre foi est vaine aussi ». *Prem. ép. aux Corinthiens, chap.* 15. C'est sur ce miracle qu'est fondée cette parole de l'Ecriture : La mort est engloutie pour jamais. O mort! où est ton aiguillon? O sépulcre! où est ta victoire?

le seul desir bien vrai de pouvoir embrasser avec confiance une doctrine quelconque, ne seroit-il pas un puissant
motif pour l'examiner sans prévention,
pour peser mûrement toutes les preuves
sur lesquelles cette croyance est fondée?
Ce qu'il y a d'évident, au moins de fait,
très indépendamment de toutes les recherches que je me trouverois trop heureux d'entreprendre avec vous sur un
objet d'une si haute importance, c'est
qu'il n'est aucune religion positive qui
tout à la fois ait rendu l'idée de l'immortalité plus commune, plus populaire
que la religion chrétienne, l'ait moins
mêlée de fables, de vaines conjectures,
de tristes ou de folles rêveries, et cependant en ait tiré plus d'utiles conséquences pour la morale et le bonheur de
notre existence actuelle[1]. Voilà ce qui

_____

(1) Aux yeux des hommes naturellement

m'a ramené constamment au respect qu'on m'avoit inspiré dès mon enfance pour le christianisme, à l'époque même de ma vie où je me sentis le plus fortement entraîné par le torrent des systêmes et des opinions les plus opposées à cette sainte doctrine, trop défigurée, en effet, par les prêtres de toutes les sectes, mais que l'évangile m'offrit toujours dans sa pureté primitive, sans aucun mélange de

honnêtes et bons, c'est une fort belle idée sans doute que celle d'établir, comme l'a fait Kant, les preuves les plus évidentes de la religion sur le principe même de la moralité de l'homme. Mais aux yeux de la multitude, au gré de la sensibilité comme de l'imagination la plus vulgaire, une morale, fondée sur un principe religieux, trouvera toujours plus de croyance, aura toujours une autorité plus imposante que n'en peut avoir une religion appuyée uniquement sur un principe de morale, sur une disposition naturelle qui n'existe malheureusement pas d'une maniere assez sensible dans tous les indi-

dogmes et d'opinions que mon sentiment
ou ma raison eussent eu trop de peine ou
trop de répugnance à croire.

Eh bien, mon ami, puisque nous exis-
tons encore, employons le reste de nos
jours à méditer cette consolante doctrine.
Relisons avec tout le recueillement que
doit imposer un si grand intérêt Bossuet,
Pascal, Fénélon, et sur-tout l'évangile.
Leibnitz l'avoit avoué naïvement à je ne

vidus de l'espece humaine, que les individus,
même les plus privilégiés de cette espece, n'é-
prouvent pas constamment, et qui, toute remarquable qu'elle est, ne prouve au fond rien
de plus que l'ordre admirable dont nous pouvons appercevoir les traces plus ou moins con-
fusément dans l'économie générale et particuliere de toutes les parties de ce vaste univers
que nous sommes à portée d'observer et de
connoître. Une loi ne prouve pas autrement
l'existence d'un législateur que l'ordre et l'harmonie ne prouve celle d'un principe ordonna-
teur.

sais plus quelle princesse, qui lui deman-
doit si l'on pouvoit démontrer l'immortalité de l'ame par les seules lumieres de
la raison : — non pas bonnement.

Et le bon Socrate, après avoir dit tout
ce qu'on pouvoit dire en faveur de cette
sublime doctrine, convient lui-même
qu'il seroit bien à desirer qu'elle pût
nous être attestée par quelque révélation
céleste. Il faut prendre à cet égard, dit
le sage d'Athenes peu d'heures avant de
mourir, il faut prendre l'un ou l'autre
parti, celui d'apprendre des autres quel
sera notre sort après cette vie, ou de le
découvrir par nous-mêmes, et, si la chose
est impossible, nous attacher à la meilleure, à la plus probable des opinions
que puisse nous offrir la raison humaine,
et courir le risque de traverser le cours
de la vie sur cette foible planche, à moins
qu'on ne puisse en saisir une plus sûre,
qui porte sur un fondement plus solide,

quelque oracle divin[1]. Quoi qu'il en soit,
que pouvons-nous faire de mieux, ajoute-
t-il, que d'enchanter notre ame par de si
douces images, par de si nobles espérances ?

(1) Δεῖν γὰρ περὶ αὐτὰ ἕν γέ τι τύτων δια-
πράξασθαι, ἢ μαθεῖν, ὅπη ἔχει, ἢ εὑρεῖν· ἢ, εἰ
ταῦτα, ἀδύνατον, τον γοῦν βέλτιστον τῶν ἀνθρω-
πινῶν λόγων λαβόντα, κ̀ δυσεξελεγκτότατον, ἐπὶ
τύτυ ὀχύμενον, ὥσπερ ἐπὶ σχεδίας, κινδυνεύοντα
διαπλεῦσαι τὸν βίον· εἰ μή τις δύναιτο ἀσφα-
λέστερον, κ̀ ἀκινδυνότερον, ἐπὶ βεβαιοτέρυ ὀχήμα-
τος ἢ λόγυ θείυ τινὸς διαπορευθῆναι.

PLAT. *Phæd. p.* 229, *ed. Forst. Oxon.*

Καλὸς γὰρ ὁ κίνδυνος, κ̀ χρὴ τὰ τοιαῦτα
ὥσπερ ἐπάδειν ἑαυτῶ.

Ibid.

SIXIEME ENTRETIEN.

L'intime conviction d'une vie à venir devant avoir une si grande influence sur la moralité des actions humaines, on est étonné de ne pas trouver sur cet objet de plus fréquentes et de plus positives assurances dans le livre dont nous avions toujours admiré la sublime simplicité, dans lequel nous avions toujours reconnu tant de caracteres saints et respectables, mais que nous vénérons aujourd'hui, sans doute, avec un nouveau sentiment de confiance et d'amour.

J'ai souvent eu la même idée; mais en y réfléchissant davantage, j'ai cru voir que les saintes Ecritures, et sur-tout celles du Nouveau-Testament, nous avoient dit sur l'immortalité de l'ame, et sur notre existence future, tout ce que pouvoit ex-

primer l'imperfection de notre langage,
tout ce qu'en pouvoit comprendre ac-
tuellement notre foible intelligence. Un
livre qui parle au nom de l'Être suprême,
d'un être souverainement juste, souverainement bon, et dont la puissance est
sans bornes, ainsi que sa sagesse et sa
bonté, un tel livre n'est-il pas lui-même
la preuve la plus frappante de ce que les
foibles lumieres de la raison ne pouvoient entrevoir qu'à travers un nuage de
doutes et d'incertitudes ? L'immortalité
de l'ame, si difficile à démontrer pour
qui ne croit pas en Dieu, semble, en
quelque sorte, une vérité toute simple
aux yeux de quiconque a pu s'élever
jusqu'à l'idée de cet Être suprême, des
attributs et des perfections absolument
inséparables de la seule idée de son
existence. L'auteur de tant de merveilles,
l'auteur de toutes les harmonies que nous
découvrons dans cette petite partie de

l'univers qu'embrassent nos regards , n'a
rien fait, n'a rien conçu qui ne doive
répondre au but de sa destination. Il n'a
pas daigné commencer la création d'un
être tel que l'homme pour ne point l'a-
chever ; et le cours borné de notre destinée dans ce monde est loin d'atteindre
le terme du développement dont nos facultés paroissent susceptibles. L'auteur
de tant de merveilles , l'auteur de tant
d'harmonies ne peut rien vouloir d'in-
complet, rien de discordant, rien d'inutile. Tandis qu'il accorde des siecles de
durée à des productions dont la dignité
ne peut entrer en aucune comparaison
avec celle de l'esprit humain, ne laisseroit-il subsister que peu d'instants ce
que nous connoissons de plus admirable
dans ses ouvrages, la pensée de l'homme
de génie, le sentiment de l'homme ver-
tueux, l'étonnante puissance de leur volonté ! Tout ce que créa l'Être suprême

8.

doit devenir l'objet de ses soins et de son amour ; et ce qu'il sut créer avec si peu d'effort, comment ne sauroit-il pas le conserver ou le reproduire [1] ! L'Être tout-puissant qui joint à cette puissance infinie une sagesse, une bonté non moins infinie, donne à nos vœux, à nos espérances toute une autre garantie que les forces d'une nature aveugle, quelque éternité de puissance et d'énergie que l'on veuille où que l'on doive lui supposer.

Mais enfin, si par quelque miracle, par quelque révélation incontestable, nous pouvions être aussi convaincus de la certitude et des conditions d'une vie à venir, que nous le sommes de notre existence actuelle, avec quelle résigna-

(1) Les Persans disent : « Le verre rompu se remet en son entier ; combien plus l'homme peut-il être rétabli dans le sien, après que la mort l'a mis en pieces ». *Voyages de Chardin,* t. IV, p. 258.

tion n'en supporterions-nous pas toutes
les peines ! avec quel dévouement n'en
remplirions-nous pas tous les devoirs !
Les plus grands, les plus nobles sacrifices ne nous coûteroient plus aucun
effort.

Hélas ! peut-être l'accomplissement de
celui de nos devoirs qui nous semble
aujourd'hui le plus simple et le plus
aisé, nous deviendroit-il alors presque
impossible....

Je vous comprends, celui d'attendre
avec soumission le terme de la vie, ce
terme qui tour-à-tour nous paroît si près
et si loin de nous....

Et qu'il seroit cependant en notre
pouvoir de franchir à chaque instant,
si nous n'étions pas encore plus retenus
par je ne sais quel instinct, que par nos
préjugés ou par nos principes. Le desir
si naturel d'exercer et de perfectionner
les plus nobles de nos facultés n'est-il

pas contrarié, réprimé sans cesse par les
obstacles de tout genre que nous ren-
controns à chaque pas dans le cours le
plus ordinaire de la vie, quelque rapide
et quelque borné qu'il soit, quelque heureux même qu'il puisse paroître pour certains individus. Que de pénibles efforts
notre pensée n'a-t-elle pas à faire pour
ne pas être continuellement distraite par
les impressions tumultueuses de nos sens,
par les sensations agréables comme par
les inquiétudes et par les douleurs que
ces impressions font éprouver à notre
sensibilité. Cette pensée tour-à-tour si
foible et si hardie ne se voit-elle pas
entourée de toute part d'entraves et de
limites qui la troublent et qui la gênent?
ne se sent-elle pas véritablement empri-
sonnée dans le cercle étroit de l'organisation dont elle dépend, sans le secours
de laquelle son énergie ne peut se développer, mais qui, toute admirable qu'est

cette organisation, loin de suffire à l'exercice de ses forces, en arrête, en comprime
les plus heureux élans? Comment tout
homme, qui connut jamais le charme
profond de la pensée, comment ne sou-
pireroit-il pas, ainsi que l'apôtre, après
la délivrance de ce corps mortel [1], dont
les besoins et les imperfections lui font
sentir si douloureusement l'impossibilité d'atteindre au but qui le fuit, et
qu'il ne peut s'empêcher de poursuivre?
Cependant le devoir de vivre est le premier que nous impose la nature, en nous
appelant du néant à l'être; et ce premier devoir devient le principe d'une
foule d'autres obligations, indépendamment même du rapport très moral et
très religieux sous lequel l'Évangile nous
ordonne de considérer la vie comme un
temps d'épreuve, durant lequel nous

(1) *Epître aux Romains*, ch. VIII, v. 23.

devons nous préparer à de plus hautes
destinées , nous rendre dignes d'une
éternité de bonheur.

Et quelle idée nous faire, mon ami,
de ce bonheur? Rien de plus vague et
de plus obscur que ce que nous en dit le
livre par excellence.

Toujours par les mêmes raisons sans
doute, et par le même motif. Comment
exprimer ce qu'aucun œil humain ne put
jamais voir, ce qu'aucune oreille humaine ne put jamais entendre? Mais la
philosophie, en admettant la vie à venir,
ne sauroit la concevoir que comme une
suite naturelle de notre existence présente. Et la religion révélée ne fait que
confirmer cette idée, en nous assurant
que nous trouverons dans l'autre monde
la compensation tout à-la-fois la plus juste
et la plus miséricordieuse de ce que nous
aurons été, de ce que nous aurons fait, et
de ce que nous aurons souffert dans celui-

ci. Nous continuerons de craindre et d'espérer : mais s'il est de notre nature d'être foibles et bornés, il est de notre nature aussi de tendre toujours vers la perfection ; et ce vœu, trouvant moins d'entraves, moins d'obstacles, nous donnera plus de jouissances, de paix, et de bonheur. S'il est de notre nature d'être éternellement foibles et bornés, il est de la nature de l'Être suprême d'avoir autant de clémence et de bonté que de sagesse et de puissance...

~~~~~~

SEPTIEME ENTRETIEN.

Depuis quelques jours Euthanasie paroissoit éprouver un mieux sensible. L'espérance étoit rentrée dans le cœur de tous ses amis. J'ignore à quel point elle-même la partageoit. Mais ne voulant pas troubler sans doute le sentiment de joie auquel notre amitié se livroit avec tant de charme, du moins ne laissoit-elle échapper aucun mot qui pût alarmer notre confiance. On lui avoit conseillé d'essayer ses forces en se promenant sur la terrasse de son jardin qui dominoit sur un assez vaste horizon. Je m'y trouvois seul avec elle le soir d'un de ces beaux jours d'automne où la chaleur du soleil est si bienfaisante, où la nature entiere semble se reposer de ses travaux et s'y complaire en voyant tous les êtres vivants jouir de l'abondance de ses dons. La verdure des champs, la lumiere des cieux, l'air que nous respirions, avoient une transparence également vive et douce. Tout étoit calme et pur. L'enchantement d'une si belle soirée paroissoit ranimer sensiblement les forces de mon amie, et nous fit prolonger notre promenade jusqu'au coucher du soleil. Je ne me rappelle pas en avoir jamais vu dont le spectacle eut autant d'éclat et de magnificence. Quelle richesse et quelle inexprimable variété de couleurs! Que de nuances du rose au pourpre, de l'or le plus éclatant au jaune le plus pâle, de l'azur le plus vif au bleu le plus tendre! Quelle admirable et quelle délicieuse gradation des tons de couleur les plus brillants, les plus vigoureux, à ces tons si légers, si suaves, dont la touche moëlleuse alloit se perdre insensiblement dans le vague de l'air! Je ne sais si les

9

chefs-d'œuvre du génie de Hayd'n et de Mozart peuvent rassembler des accords de sons aussi mélodieux, aussi ravissants que l'étoient dans ce moment les accords multipliés de ce concert de couleurs célestes.

Absorbés dans la contemplation d'un si grand spectacle, mais dont chaque instant, hélas! pouvoit faire évanouir les magiques merveilles, nous ne pouvions nous rassasier de voir. Il nous sembloit même que des oreilles plus subtiles que les nôtres auroient dû partager la jouissance de nos yeux, entendre une harmonie analogue à celle qui charmoit nos regards.

L'illusion alloit se dissiper; déja les plus brillantes couleurs commençoient à s'éteindre, lorsque j'engageai mon amie à ne pas s'exposer davantage à l'air du soir. Rentrés dans son appartement, et l'imagination vivement frappée de ce que nous venions de voir et d'admirer avec un enchantement que nous croyions l'un et l'autre éprouver pour la premiere fois, je dis à mon amie :

Quand on a joui de la beauté d'une pareille soirée, pourroit-on s'étonner encore que les plus nobles vœux de l'homme se soient élevés dans tous les temps vers le ciel comme vers l'objet qui se trouve dans le rapport le plus naturel et le plus sensible avec la grandeur de ces conceptions idéales d'une existence éternelle, d'une perfection infinie, d'un bonheur parfait ?

Non, en vérité; car un beau ciel est assurément tout ce que nos yeux peuvent voir de plus brillant et de plus pur, tout ce que notre imagination peut concevoir de plus vaste et de plus sublime, sur-tout au moment où le soleil semble se rapprocher de nous avant de disparoître sous l'horizon, et dans l'éclatante obscurité de ces nuits où l'immense hauteur de la voûte des cieux est marquée si sensiblement par la distance de ces innombrables rangs d'étoiles qui, répandues de toute part dans cette majestueuse enceinte, de leur clarté plus ou moins douce, plus ou moins scintillante, en décrivent, pour ainsi dire, toutes les zones et toutes les routes... Ne voudriez-vous pas, mon ami, m'apprendre à chercher là-haut la carte des pays que nous devons parcourir quelque jour?

Ah! volontiers, pourvu que vous m'assuriez le bonheur de vous y suivre. J'ai moins d'ambition cependant que vous ne m'en supposez peut-être. Il me semble que si nous avions un corps moins terrestre, moins embarrassant que celui qui nous soumet à tant de gênes pénibles, nous expose à tant de dangers, à tant de douleurs, et nous fait payer souvent si

cher nos plus douces et nos plus inno-
centes jouissances, il y auroit encore
moyen de s'arranger une existence assez
desirable sans sortir de l'humble atmosphere qui nous environne.

Je vois que modestement vous vous
résigneriez sans peine aux douces destinées dont les poëtes ont bien voulu
gratifier la nature des gnomes et des
sylphes.

Parmi les fonctions qui leur sont assi-
gnées, il en est qui me paroîtroient assez
douces, du moins auprès de vous... Malgré le mépris avec lequel nos théologiens
et nos moralistes ont osé parler quelquefois de ce globe de verre et de boue, su-
jet sans doute à de terribles accidents, à
d'effrayantes révolutions, l'on ne sauroit
nier qu'il nous offre des climats et des
contrées d'une beauté vraiment céleste.
En considérant tout ce que la nature

9.

physique y daigna déployer de douceurs
et de richesses, j'ai souvent été tenté de
croire que ce séjour pourroit bien ne pas
être destiné seulement à des êtres aussi
peu dignes d'en jouir que la classe la
plus nombreuse des hommes vivants. Ces
animaux, tout raisonnables qu'ils pré-
tendent être, pris en masse, ne méritent
guère l'avantage de se voir les premiers
habitants, les maîtres souverains d'une
terre si bienfaisante, et qu'ils foulent souvent avec tant d'ingratitude; ils ne méritent guère de respirer sous ce beau ciel
dont ils se soucient assez peu, et vers
lequel ils n'élevent que rarement leurs
regards. Ce paradis terrestre, quoi qu'en
pensent tous ces rois qui le croient fait
pour leurs menus plaisirs, pourroit bien
appartenir véritablement à de meilleurs
êtres, dont ces puissants monarques eux-
mêmes, avec tous leurs nombreux sujets,
ne sont peut-être, sans le savoir, que les

instruments plus ou moins aveugles, plus ou moins dociles [1].

J'aime votre idée, et je l'aime d'autant plus que si je pouvois me flatter d'être admise quelque jour dans la société de ces êtres invisibles à qui vous remettez, comme en de plus dignes mains, la souveraineté dont vous dépouillez nos semblables actuels, cela m'épargneroit la fatigue de ces grands voyages pour lesquels je n'ai jamais eu beaucoup de goût. Je me plais à rester où je suis ; et dans ma nouvelle forme aérienne je trouverois encore un très grand charme à venir

(1) Diodore de Sicile, l. V, en parlant des délices d'une isle située dans l'océan à plusieurs journées de la Lybie, dit : Ὥστε δοκεῖν ταύτην ὡσεὶ θεῶν τινῶν ἐκ ἀνθρώπων ὑπάρχειν ἐμβιωτήριον, διὰ τὴν ὑπερβολὴν τῆς εὐδαιμονίας. « Vu son extrême félicité, on la croiroit plutôt la demeure de quelques dieux, que celle de simples mortels. »

rêver sous ces ombrages, à soigner mes fleurs et mes amis. Mais d'après la tendance constante de vos idées, toujours en attendant mieux, n'est-ce pas?

Sans doute, cette espece de perfectibilité indéfinie qui, appliquée à l'état présent de la société, risque d'y causer tant de désordre et de bouleversement, n'en est pas moins ma chimere favorite, et n'a certainement aucun inconvénient, lorsqu'on laisse à ses développements le vaste champ d'un avenir au-delà des limites de notre destinée actuelle.

Soit que séparée de cette dépouille mortelle, notre ame s'envole vers le ciel, et, portée sur ces brillants nuages, erre à son gré d'un monde à l'autre, soit qu'elle reste sur la terre sous une enveloppe plus légere, invisible comme l'est son essence à nos propres yeux, vous pensez qu'elle n'aura point à se plaindre de son sort.

Je présume que dans l'une et l'autre

hypothese l'état de l'ame, après sa séparation de ce corps mortel, doit être une
conséquence immédiate de son état pré-
cédent, parceque tout se suit dans la nature, parceque tout se trouve lié par une
chaîne non interrompue, mais dont les
anneaux sont souvent fort difficiles à
saisir.

C'est donc en raison de nos goûts, de
nos vœux, du degré de nos lumieres, et
de nos connoissances, que nous occu-
perons telle ou telle place, tel ou tel rang,
plutôt qu'un autre. Les fleuristes s'occu-
peront de fleurs, les musiciens, de sons
et d'accords, les peintres, de formes et
de couleurs, les mathématiciens, de
nombres, les politiques, de guerre et
de constitution, les poëtes, d'illusions, de
sentiments et d'images... et vous, de vos
amies et de vos abstractions.

L'une de ces deux parts auroit pu me
suffire; mais toutes deux ensemble m'oc-

cuperont fort bien, je crois, jusqu'à la fin des siecles.

Et vous flattez-vous que dans cette nouvelle maniere d'être nous pourrions encore entretenir quelques rapports avec ceux qui nous survivront?

Je l'ignore; mais la chose en elle-même ne me paroît pas impossible, du moins sous certaines conditions et dans certaines circonstances. Qui peut répondre que le mouvement intérieur par lequel un homme prêt à commettre une mauvaise action, à prononcer un arrêt injuste, à suivre un projet funeste, se trouve arrêté tout-à-coup, et se détermine subitement à prendre un parti plus sage ou plus humain, qui peut répondre que ce mouvement intérieur ne soit l'inspiration de quelque ombre vertueuse qui dans ce moment erre autour de lui, le dirige ou le retient? Si ce que j'ai pu vous dire jusqu'à présent n'a pas encore assez frappé votre esprit pour vous faire partager mes espérances, qui sait si demain, si dans cet instant même l'ombre de quelque ami qui vous aime encore comme moi, ne me dictera pas justement la raison, le motif, le mot le plus propre à vous persuader, et que sans lui je n'eusse jamais trouvé.

Combien je me reprocherois et mon ingratitude et mon insensibilité, si le beau ciel que nous avons vu ce soir, et tout l'intérêt de votre amitié ne me donnoient pas au moins le plus vif desir d'être tôt ou tard une de ces ombres heureuses auxquelles vous donnez de si doux emplois!

~~~~~~

HUITIEME ENTRETIEN.

Nous avons été malheureusement interrompus dans notre dernier entretien. Il semble que le ciel ait voulu m'en dédommager par le songe le plus ravissant dont le charme ait jamais rempli mon imagination.

Et vous voudrez bien en faire part à votre ami?

Sans doute. N'est-ce pas à lui que je le dois? Écoutez. J'ai cru voir ma chambre éclairée tout-à-coup par la plus douce lumière. Au même instant m'est apparue une figure céleste. Ses traits, que l'éclat dont elle étoit environnée m'empêchoit de reconnoître distinctement, sembloient pourtant me rappeler ceux de ma sœur, de notre chere et belle Émilie. Elle s'est

approchée de moi cette figure céleste. Il
m'a semblé qu'elle me parloit, mais je
ne pouvois la comprendre. Son regard
seul exprimant tout à la fois la plus vive
confiance et la plus tendre pitié, m'a
bientôt rassuré. Je me suis écriée : Es-
tu mon ange libérateur? — Oui, je le
suis... Et par je ne sais quel mouvement
inexplicable j'ai cru sentir dénouer sans
peine et sans douleur le foible lien qui
me retenoit encore sous les débris de
cette prison mortelle. Je n'étois plus
qu'une substance aérienne. La foiblesse
et la pesanteur dont je me sentois acca-
blée l'instant d'auparavant avoit entièrement disparu. Mon ange libérateur me
tendoit une main tutélaire : je l'ai saisie
sans effort, et je me suis élancée dans ses
bras. Nos deux êtres ont été confondus
quelques instants sous le charme de
l'union la plus intime et la plus sainte. A
travers des régions dont l'aspect tout

nouveau pour moi ne cessoit d'enchanter mes regards, je me suis sentie transportée avec mon guide sous les ombrages mystérieux d'un vallon dont je ne saurois vous dépeindre la beauté, quand même je rassemblerois ici tout ce que les poëtes et les voyageurs ont laissé dans mon souvenir d'images douces et brillantes. L'air que je respirois étoit vif et pur comme le cours facile de mes sentiments et de mes pensées. Mes sensations n'étoient plus altérées par aucun mélange d'efforts ou d'embarras; elles n'étoient plus en rapport qu'avec des objets d'une nature idéale, et cependant aussi vraie, aussi sensible que l'est celle des objets de nos plus vives affections sur la terre. Tout mon être se sentoit souple et léger, léger comme ces éclats d'une nuée de roses qu'après le coucher du soleil on voit errer encore quelquefois dans le vague immense de l'azur le plus serein. Il

me sembloit que je me désaltérois aux
sources les plus fraîches et les plus lim-
pides. L'atmosphere où je respirois
étoit imprégnée des plus doux parfums,
et le calme heureux d'une si douce atmosphere n'étoit interrompu que par le
concert des sons les plus mélodieux, qui
tour-à-tour paroissoit ou s'approcher ou
s'éloigner de moi, mais toujours avec un
charme plus touchant. Je jouissois d'un
bonheur ineffable, et j'en jouissois sans
crainte. La source des jouissances de
mon nouvel être me sembloit devoir être
inépuisable comme l'idée de l'éternité,
comme celle de Dieu même. Où la reconnoissance, l'amour et l'admiration trou-
veroient-elles un terme, lorsque leur objet est l'immensité de l'univers, l'éternelle
immensité des créations d'une bonté,
d'une sagesse, d'une miséricorde infinie?
Voilà ce que me disoit mon ange, et voilà
ce qu'en ce moment je croyois com-

prendre... Au milieu de tant de félicités, peut-être me le pardonnerez-vous encore moins que je ne puis me le pardonner moi-même, je me suis avisée de demander à mon guide si vous ne tarderiez pas à venir nous joindre. A cette question, trop indiscrete sans doute, je me suis réveillée; et voilà mes sublimes visions qui se sont aussitôt évanouies.

Combien j'en ai de regret! Mais il faut bien s'en consoler puisque ce n'est qu'à ce prix que j'en puis partager l'heureux souvenir. Ne vous avois-je pas prédit depuis long-temps que vous seriez tout étonnée de vous réveiller quelque jour avec des ailes d'ange?... A présent dites-moi, mon adorable amie, à quelle impression de nos sens, à quelle combinaison des éléments de la matiere la plus subtile notre pensée pourroit-elle rapporter de si divins présages, ou, si l'on veut même ne leur donner que ce nom, de si sublimes rêveries. Le caractere de ces nobles images, de ces pressentiments vraiment célestes ne s'éleve-t-il pas fort au-dessus du cercle borné de nos destinées actuelles? n'en faut-il pas chercher l'origine dans une nature absolument différente de celle que peut analyser notre foible intelligence, dans une nature d'un ordre supérieur, d'un ordre que ne peut atteindre, que ne peut suivre du moins tout l'effort de nos raisonnements.

Vous voyez bien qu'où je ne puis arriver par mes raisons ou par les vôtres je ne demande pas mieux que d'être conduite par mes songes, et je me sais encore en ce moment fort mauvais gré de m'être éveillée si mal-à-propos; car il y auroit, en vérité, trop d'ingratitude à m'en prendre à vous...

C'est sans me croire plus superstitieux qu'il ne convient de l'être que je me

plais, mon amie, à regarder de pareils
songes comme de véritables inspira-
tions, et sur-tout lorsqu'ils se trouvent
si bien d'accord avec ces révélations
écrites, qui dans leur admirable simplicité portent tant d'augustes caracteres
d'une empreinte divine, et dont la tendance générale semble également propre à nous consoler de la vie comme à
nons consoler de la mort, à nous rendre
tout à la fois plus sages et plus heureux.

Et plus aimants aussi ?

Plus aimants, sans doute, puisque
cette sainte religion est toute espérance
et tout amour. C'est à ces sentiments
qu'elle doit son origine au moins pour
nous. Ce sont ces sentiments qu'elle
épure, et c'est encore à ces mêmes sentiments épurés par elle que sa douce influence ramene sans cesse nos vœux et
nos pensées...

Peu d'heures après cet entretien, vers

la chûte du jour, où la fievre lente qui la consumoit depuis plusieurs mois se faisoit sentir d'ordinaire avec un redoublement très marqué, elle tomba tout-à-coup dans une foiblesse extrême, mais sans angoisse et sans douleur. Je crus qu'elle alloit s'assoupir. Elle me dit avec beaucoup de calme, et le sourire encore sur les levres: Mes yeux verront-ils bientôt plus clair? je les sens se fermer malgré moi... toucherois-je bientôt à l'accomplissement de ce doux rêve? Elle me tendit le bras: son pouls étoit presque insensible, et quelquefois tout-à-fait intermittent. Cependant elle pressa vivement encore ma main dans la sienne: Au revoir, le plus fidele des amis! Je détournai ma tête pour lui cacher mes larmes: après quelques moments elle fit un léger effort pour se relever, comme voulant voir si j'étois encore auprès d'elle. Je me retournai dans le même instant

pour la soutenir. Le dernier soupir ve-
noit d'échapper de ses levres. Mon regard, hélas ! ne devoit plus retrouver le
sien, du moins sur la terre.

Non la conobbe il mondo mentre l'ebbe ;
  Conobbil' io, ch'a pianger qui rimasi...

E ben m'acqueto, e me stesso consolo ;
  Nè vorrei rivederla in questo inferno ;
  Anzi voglio morire, e viver solo.
Che più bella che mai, con l'occhio interno
  Con gli angeli la veggio alzata a volo
  A' piè del suo e mio Signore eterno.

OBSERVATIONS

ET RECHERCHES

RELATIVES

A L'OBJET DE CES ENTRETIENS.

Le fonds de ces différents morceaux étant le même que celui des Entretiens, on ne sera point étonné d'y voir répéter les mêmes principes et les mêmes raisonnements. On ne s'est permis de les recueillir ici que parceque plusieurs de ces principes et de ces raisonnements y sont développés avec plus d'étendue et plus de méthode qu'ils ne pouvoient l'être sous la forme dialogique suivie dans l'ouvrage même.

ÉCHELLE

DE NOS FACULTÉS

INTELLECTUELLES ET MORALES.

Premier degré,

J'APPERÇOIS un ou plusieurs objets.

Je distingue un objet de l'autre.

Je remarque ce qui les distingue.

Second degré.

Je reconnois les objets que j'ai apperçus.

Je reconnois ce qui les distingue.

Troisieme degré.

Je me rappelle les objets que j'ai apperçus.

Je me rappelle ce qui les distingue.

Je me rappelle un ou plusieurs objets
à-la-fois.

Quatrieme degré.

J'ai le sentiment confus de mes perceptions.

Je commence à me distinguer moi-même des objets que j'apperçois ou que je me rappelle.

Je compare un objet avec l'autre.

Je compare les objets même avec l'impression que j'en ai reçue, avec le souvenir que j'en avois conservé.

De l'exactitude de ces comparaisons dépend l'exactitude de mes premiers jugements; car tout jugement n'est en effet que le résultat, que l'énoncé d'une comparaison quelconque.

Cinquieme degré.

A mesure que j'apperçois plus d'objets, que je les distingue mieux, et que je me les rappelle plus distinctement, que je les compare plus attentivement l'un avec l'autre, et chacun en particulier avec l'impression que j'en ai reçue, ou le souvenir que j'en ai conservé, j'acquiers enfin la conscience du moi.

Sixieme degré.

Sans avoir encore une idée distincte de ce moi, sans en avoir même une idée aussi claire que de beaucoup d'autres objets, de tous les objets qui fixerent mon attention, c'est pourtant celui dont je reconnois, dont j'éprouve l'existence de la maniere la plus forte, la plus intime.

Je sens que je suis, et tout ce que j'apperçois autour de moi ne sont peut-être que des apparences ou de vaines images. Il n'existe du moins aucun autre objet dont j'aie un sentiment aussi vif, aussi sûr, aussi profond, que celui que j'ai de ma propre existence.

Septieme degré.

Le seul milieu par lequel je puisse parvenir à m'assurer de la réalité des objets qui m'environnent, c'est le rapport de ces objets avec le moi qui les apperçoit, se les rappelle, et les compare entre eux.

En réfléchissant sur ce rapport, l'expérience ne tarde pas à m'apprendre que ces objets ont plus ou moins d'action sur le moi, comme le moi paroît en avoir aussi dans certaines circonstances sur ces mêmes objets.

Jusqu'ici les développements successifs de mes facultés n'offrent pas, ce me semble, de lacunes fort importantes, mais comment franchir le passage du degré que je viens de marquer à celui que notre entendement doit avoir atteint pour former des abstractions, pour en inventer les signes, pour arriver, au moyen de leurs combinaisons, à des idées purement intellectuelles, à des sentiments purement moraux ?

Il faudroit ne pas même comprendre

la difficulté de l'entreprise pour s'étonner de tous les systêmes plus ou moins imaginaires, plus ou moins absurdes auxquels les philosophes ont essayé de recourir dans l'espoir de résoudre un si grand problême.

La faculté de former, je ne dis pas une longue suite d'abstractions, mais une seule abstraction pure et simple, paroît au-dessus de tous les résultats connus et même possibles de toute sensibilité purement physique, comme de toute matiere organisée, quelque parfaite, quelque sublime qu'on en suppose l'organisation.

Il y a dans la conscience du moi, dans la concentration d'un nombre plus ou moins grand d'impressions différentes, dans la spontanéité, dans l'indivisible instantanéité du mouvement qui les concentre ou les divise, une telle unité comme une telle simplicité de principe

et d'action, que la matiere la plus subtile, mais toujours divisible à l'infini,
telle du moins que nous la connoissons
ou que nous pouvons la concevoir, ne
sauroit en être susceptible.

Il y a moins d'invraisemblance encore
à supposer que ce principe unique d'action auquel se trouve attaché le sentiment du moi n'est qu'un atôme simple,
que l'aggrégat d'atômes le plus merveilleusement combiné.

Je vois bien que c'est en remarquant
dans un objet d'abord, et puis dans plusieurs autres le même trait, le même accident, que je suis enfin conduit à me
faire de ce trait, de cet accident toujours
le même, une idée, une image isolée.

Mais le procédé, tout foible qu'il nous
paroît aujourd'hui sans doute, grace à
l'habitude que nous en avons acquise,
suppose-t-il moins une faculté fort différente de celle qui ne nous donneroit que

de simples perceptions ou de simples souvenirs des objets apperçus.

La faculté d'abstraire me paroît le premier échelon de la puissance active de notre intelligence.

Toute abstraction ne devient-elle pas une espece de création nouvelle ? par ce procédé du moins notre entendement sépare les objets qui s'offrent à notre attention, et les dispose dans un ordre qui n'existoit pas auparavant.

De ce premier effort l'intelligence humaine passe, pour ainsi dire, immédiatement à un autre ; c'est celui de généraliser ce qu'elle vient d'abstraire. C'est ainsi qu'elle donne bientôt à de simples accidents un caractere substantif.

En considérant beaucoup de rapports égaux elle se forme l'idée de l'égalité ; en considérant beaucoup de rapports divers, elle acquiert également celle de la diversité.

Cette premiere abstraction faite, elle la rapporte sur les objets mêmes, et comparant ensuite isolément cette même abstraction dans différents objets, elle y découvre encore de nouveaux caracteres, de nouvelles différences dont elle forme autant de nouvelles abstractions.

De cette foule d'abstractions résulte en quelque sorte pour elle un monde nouveau dont elle détermine plus aisément tous les rapports, et qu'elle peut soumettre en conséquence à des combinaisons plus exactes et plus suivies. C'est ainsi qu'elle crée enfin l'espace et le temps.

Mais par quelle suite de combinaisons, ou par quelle succession de sentiments notre ame arriveroit-elle jamais à l'idée du juste et du beau, si l'auteur de la nature n'avoit pas établi d'avance des rapports sympathiques entre elle et ces idées meres de notre bonheur et de notre moralité?

Ce qui me confirme dans cette pensée, c'est que les résultats de ces rapports merveilleux se manifestent de la maniere la plus frappante dans nos jugements et dans nos affections, long-temps avant le développement des seules facultés qui nous auroient conduits peut-être au même terme.

Cette hypothese est fort loin des idées archétypes, des modeles éternels que l'on a tant reprochés à la philosophie de Platon, mais que ses enthousiastes comme ses détracteurs pourroient bien avoir commentés d'une maniere également fausse, également absurde ; elle ne tend qu'à faire ressortir cette disposition particuliere de notre intelligence ou de notre sensibilité, qui la rend naturellement susceptible d'idées et d'impressions d'un ordre supérieur à celui des objets qui ne frappent que nos sens.

L'ordre, la justice, la beauté, tous les

rapports moraux que nous pouvons concevoir existent dans la nature aussi bien que les formes, les couleurs, les sons et leur harmonie. Mais si nous n'avions que des sens, une sensibilité purement physique sans autre moyen d'être en rapport avec le monde moral, comment nous élever jamais à l'idée de la beauté, de la justice, de l'ordre éternel?

C'est par ses effets, c'est par ses conséquences que nous jugeons d'une force, d'un principe quelconque ; c'est par leurs liaisons que nous croyons pouvoir apprécier le caractere et les qualités des personnes avec lesquelles nous vivons dans le monde. Nous n'avons guere d'autre moyen de nous faire quelque idée de la nature de nos propres facultés, de leur destination, de leurs bornes ou de leur étendue.

Comme l'exactitude de nos jugements est fondée sur celle de nos comparaisons, l'exactitude de nos raisonnements ne peut l'être que sur celle de nos abstractions, sur la juste mesure avec laquelle nous en généralisons le résultat, mesure encore dont nous ne pouvons nous assurer qu'en rapprochant ce résultat et les éléments dont il se compose avec les objets mêmes dont notre pensée a pu les abstraire, ainsi qu'avec les objets auxquels nous voulons en faire l'application. Je ne conçois point d'autre preuve de ce genre de calcul.

Ce qui peut déterminer, ce me semble, avec le plus de justesse et d'exactitude la force et l'étendue de notre entendement, c'est,

1º La plus ou moins longue série d'objets ou de souvenirs;

2º La plus ou moins longue série d'abstractions;

3º La plus ou moins longue série de combinaisons ou de conséquences,

Que notre entendement peut embrasser sans désordre et sans distraction.

Rien n'a plus facilité sans doute ces différentes opérations de notre entendement que l'invention des signes au moyen desquels on fixe et l'on abrege singulièrement tous les rapports des objets et des idées qn'il s'agit de rapprocher ou de comparer.

Dans ce cas toute langue est une véritable algebre.

Mais aucune langue usuelle ne peut approcher du repos, de la brièveté, de la précision de l'algebre proprement dite.

C'est parceque l'algebre est la plus philosophique, quoique la moins riche de toutes les langues, que ceux qui en ont l'usage doivent acquérir naturellement une plus grande aptitude à former ainsi qu'à saisir les combinaisons les plus compliquées et les plus abstraites.

Sous ce rapport l'étude de l'algebre est incontestablement celle qui peut donner à la pensée tout à la fois le plus de force, le plus d'étendue, et le plus de justesse.

Elle force l'attention à suivre une longue série de rapports sans aucune distraction, sous peine de recommencer éternellement le même travail, vu l'impossibilité de se faire aucune illusion sur toute autre maniere d'arriver à son but.

SUR L'ANALYSE

DE NOS PREMIERS SENTIMENTS

ET DE NOS PREMIERES IDÉES.

Je sens. En voulant analyser les facultés de mon être, pourrois-je partir d'un fait plus simple, plus sensible, plus certain?

Cependant, pour ne pas m'égarer dès le premier pas, n'est-il pas indispensable d'éclaircir ce fait, ou de déterminer au moins avec plus de précision les mots dont je me sers pour l'énoncer?

Ces deux mots en effet comprennent beaucoup plus de faits ou d'idées qu'ils ne sembloient m'en rappeler d'abord.

Sentir est éprouver une modification quelconque, c'est-à-dire un changement agréable ou pénible, prompt ou lent, vif ou doux, durable ou passager, de diminution ou d'accroissement.

Je-moi seroit-il le corps que je vois, que je sens, que je porte, qui me soutient? Non; c'est la faculté de voir ce corps, de le sentir, et cette faculté c'est pour moi l'être par excellence; car c'est de l'existence de cet être que j'ai le sentiment le plus sûr, le plus intime, quoique je ne puisse m'en faire aucune idée, quoique je ne puisse m'en former aucune image claire et sensible.

Je, moi, semble donc être différent de tout ce qui l'environne; ou tout ce qui l'environne n'en formeroit-il qu'une partie, ou n'en seroit-il qu'un attribut, qu'une simple modification?

Si je n'avois jamais rien senti, rien éprouvé, je n'aurois jamais eu le sentiment du moi. C'est la série et la liaison des sentiments ou des modifications que j'éprouvai successivement qui m'a fait appercevoir de ma propre existence, de l'existence d'un être qui, malgré la diversité de ses sentiments, à travers la succession tantôt suivie et tantôt interrompue de modifications très différentes, ne cessoit pas d'être encore le même être.

En conséquence de ces apperçus mon attention est parvenue à séparer l'idée de cet être susceptible de tant de modifications diverses, de l'idée même de toutes les modifications dont il est susceptible, à le concevoir isolé, à s'assurer ainsi de l'existence de ce moi pur et simple.

Il est clair, ce me semble, par ce développement, que tout inséparables que paroissent ces deux mots, Je sens, il est impossible de les comprendre sans y attacher deux idées très distinctes, celle du moi, et celle des modifications dont il est susceptible.

Après avoir éprouvé, sans doute sans

m'en appercevoir, beaucoup de sentiments ou de sensations différentes, après
m'être rappelé souvent celles que j'avois
éprouvées, j'ai fini par m'appercevoir
que je sentois ce que je sentois, que je
me rappelois encore ce que j'avois senti.

Une conséquence naturelle du premier pas de mon intelligence ne devoit-
elle pas être d'observer, 1° dans quelles
circonstances ou sous quelles conditions
j'éprouvois ces sentiments, ces sensations différentes; 2° dans quelles circonstances ou sous quelles conditions il étoit
en mon pouvoir de me les rappeler;
3° enfin dans quelles circonstances ou
sous quelles conditions j'avois une per-
ception plus ou moins claire, plus ou
moins confuse de mes sentiments, de
mes sensations, et de mes souvenirs.

J'ai dit, sentiments et sensations, parceque les modifications dont ces deux
mots rappellent l'idée me paroissent tout

à la fois très différentes, très voisines, très distinctes, et cependant peut-être très inséparables l'une de l'autre.

J'entends par sentiments les modifications les plus intimes du moi, celles qu'il éprouve encore lorsqu'il s'est isolé de tout ce qui l'environne, ou lorsqu'il s'est identifié lui-même avec quelqu'un des objets dont il se croit environné.

J'entends par sensations les modifications que font éprouver à notre moi les objets dont il se croit environné, mais qui peuvent n'y laisser que des traces fugitives, et même inapperçues, tant qu'elles ne sont pas fixées par un de ces sentiments intimes que nous venons de définir.

Ne trouveroit-on pas dans ces derniers développements l'analyse la plus exacte du mot si vrai de Jean-Jacques Rousseau, Nos sensations ne sont que ce qu'en fait notre cœur ? Mais n'interrompons point la chaîne de nos recherches.

En comparant mes sentiments et mes sensations, en distinguant les circonstances qui les font naître ou dans lesquelles je les éprouve, en distinguant encore les effets et les résultats qui les caractérisent ou qui me paroissent en être la conséquence immédiate, ne suis-je pas forcé d'admettre deux genres de forces ou de principes d'action, l'un visible, palpable, que les organes de mes sens peuvent atteindre; l'autre invisible, impalpable, et que les organes de mes sens ne peuvent atteindre?

Mes sens ne me laissent aucun doute sur l'existence de la lumiere dont les rayons tombant sur la rétine de mon œil éclairent pour moi tous les objets qui m'environnent. Mes pieds et mes mains m'avertissent très sensiblement de l'obstacle que leur oppose la masse quelconque qui les heurte ou qui les arrête. Mais la force qui me fait fermer les yeux à la lumiere, la force qui me rappelle encore cette lumiere lorsque j'ai fermé les yeux; la force avec laquelle j'ordonne à mon bras d'écarter l'obstacle qui l'arrête, la force avec laquelle je reçois, je recueille, j'écarte, je dispose, tant d'impressions différentes, ne sont-ce pas autant de forces invisibles de l'existence desquelles j'ai la conviction la plus intime et que je ne puis atteindre cependant par aucun de mes sens extérieurs?

L'analogie qui peut exister entre mes rêveries quand je dors, et mes rêveries quand je veille, me permettroit-elle de les confondre? N'ai-je pas un sentiment très positif du caractere qui les distingue, des circonstances absolument différentes dans lesquelles j'éprouve les unes et les autres? Le rapport de ces rêveries aux objets qui m'environnent est-il le même dans l'état de sommeil et dans l'état de veille?

De ce qu'il y a des sentiments et des sensations qui me paroissent tout-à-fait indépendantes des objets qui m'ont frappé, qui résultent évidemment de l'exercice de cette faculté, de cette force invisible au moyen de laquelle je me rappelle les impressions particulieres que j'ai reçues, au moyen de laquelle je les compare, je les divise, je les compose, aurois-je le droit d'en conclure que toutes mes impressions, tous mes sentiments, toutes mes sensations, ne sont que des développements de cette force invisible, seule capable de les recueillir, de les diviser, de les recomposer, de les généraliser, tantôt au gré de sa fantaisie, tantôt suivant certaines regles fixes et invariables ?

Je l'avoue; en prenant pour base de ces raisonnements une suite d'observations aussi claires que celle que je viens de parcourir, je comprends encore moins comment on peut être idéaliste de bonne foi, que je n'ai jamais compris comment on osoit entreprendre de rapporter tous les phénomenes de notre existence intellectuelle et morale au simple développement de la sensibilité physique.

Je ne connois aucun principe, aucune regle, aucune loi, quelque générale qu'en soit l'expression, que je ne puisse m'expliquer comme le résultat d'un certain nombre d'impressions particulieres, d'expériences plus ou moins réitérées, plus ou moins clairement constatées, que mon intelligence est parvenue à recueillir, à distinguer, à déterminer, à généraliser.

Mais de toutes ces abstractions, quelque simples et quelque naturelles que je puisse les concevoir, il n'en est aucune où je ne reconnoisse le produit d'une force supérieure à celle dont tous les modes, tous les procédés de la sensibilité physique me donnent l'idée.

Impulsion ou répulsion, mouvement ou repos, transparence ou reflet; voilà, ce me semble, tous les modes, tous les procédés par lesquels les organes de mes sens peuvent être atteints, peuvent recevoir une impression quelconque; mais existe-t-il quelque rapport, quelque transition qu'il soit possible de concevoir entre ces modes, ces procédés, les modifications que leur action fait éprouver à nos sens, et le plus foible de nos sentiments intérieurs, la plus obscure de nos idées, la plus simple de nos abstractions?

Toute merveilleuse qu'est l'organisation de nos sens, le mystere de nos sensations et de la cause qui les produit, est moins impénétrable sans doute que celui de la véritable origine de nos sentiments et de nos idées. Et cependant, en y réfléchissant profondément, nous parvenons à devenir encore plus sûrs de nos sentiments, de nos idées, que nous ne pouvons jamais l'être de nos sensations les plus vives.

Le mouvement de nos sensations dépend beaucoup moins de nous que la marche de nos idées. Notre intelligence se trouvant comme forcée par sa nature même à soumettre ces idées à de certaines regles, à de certaines méthodes, graces à cet ordre naturel, en dispose avec plus de calme et de liberté, les fixe, les étend, les développe, les contient plus sûrement.

Les philosophes ont donné à ces regles, à ces méthodes, différentes dénominations plus ou moins systématiques, plus ou moins abstraites: ce seront, si vous voulez, les catégories d'Aristote, les formes primitives de Platon, les lois de la raison pure, les moules originaires de la pensée ; que sais-je ?

Mais que peut-on entendre raisonnablement par ces regles, par ces méthodes, par ces lois, par ces formes primitives, si ce n'est le résultat positif des rapports établis entre les différentes parties qui composent le monde moral comme le monde physique, ce cercle immense de relations, de proportions, et d'harmonies, l'éternel reflet d'une seule pensée de l'Être des êtres ?

Notre intelligence est forcée de reconnoître ces rapports intellectuels, comme notre oreille l'accord naturel des sons, nos yeux celui des formes et des couleurs.

Les idées de suite, de sériĕ, d'accord, de convenance, d'ordre, sont sans doute des idées abstraites, des idées meres de beaucoup d'autres; mais toutes ces idées ne seroient-elles originairement que le simple produit de quelqu'une de nos facultés particulieres? ne les avons-nous pas acquises comme toutes les connoissances dont notre intelligence est susceptible, en observant les rapports qui sont en nous et les rapports qui sont hors de nous, leurs liaisons, leur correspondance naturelle? Ne les avons-nous pas acquises parceque nous avons été doués, en naissant, de la faculté de sentir, d'observer, de composer, et de décomposer nos observations, d'individualiser et de généraliser nos sentiments et notre expérience?

De nos abstractions naît sans doute en quelque sorte un monde nouveau pour nous; c'est bien dans un sens une création toute nouvelle de notre entendement ou de notre imagination, mais c'est dans la nature même, dans l'immensité des rapports de la nature physique, intellectuelle et morale que nous avons puisé tous les matériaux de ce nouveau monde, produit de la plus active et de la plus merveilleuse de nos facultés.

C'est parcequ'il me paroît impossible de contester les phénomenes résultant de l'exercice de cette faculté, c'est parcequ'il me paroît impossible d'expliquer ces phénomenes autrement qu'en les attribuant à cette faculté très distincte de tous les organes connus de la sensibilité physique, qu'on ne sauroit se dispenser, ce me semble, d'en admettre l'existence.

A cette grande exception près, je trouve les développements donnés par les matérialistes sur l'origine de nos sensations et de nos idées infiniment plus clairs et plus évidents que ceux d'aucun autre système ancien ou moderne.

Les systêmes et les hypotheses sont peut-être à la méditation ce que les exagérations sont à l'esprit de société; il n'y a pas plus de vérité proprement dite dans

13

ces systêmes et dans ces hypotheses que dans les exagérations les plus ingénieuses ; mais le résultat peut en devenir également utile : les systêmes, comme les exagérations, en généralisant au-delà du vrai certaines observations justes en elles-mêmes, les rendent en effet plus sensibles, plus frappantes.

APPERÇUS

SUR LA SPIRITUALITÉ DE L'AME.

Knowledge is as food, and needs no less
Her temperance over appetite, to know
In measure what the mind may well contain;
Oppresses else with surfeit, and soon turns
Wisdom to folly, as nourishment to wind.

MILTON.

De même que le corps l'ame a sa nourriture;
Mais dans leurs aliments tous deux ont leur mesure;
L'usage est salutaire, et l'abus dangereux.

DELILLE.

Si la nature même de l'objet, ou la portée de nos ressources nous permettoit l'espoir d'acquérir sur la spiritualité de l'ame quelques lumieres nouvelles, ce seroit, je crois, par une observation suivie des phénomenes singuliers de l'empire qu'exerce notre volonté sur tout notre être, mais plus particulièrement sans doute sur nos affections et sur nos pensées. N'est-il pas fort remarquable que l'homme ait plus de puissance pour influer sur le moral que sur le physique, qu'il n'influe même sur le physique qu'au moyen de l'influence qu'il peut avoir sur le moral, et que très évidemment il dépend beaucoup moins de lui de perfectionner les dispositions de son corps que celles de son ame? A force d'étude et d'application, que d'idées n'ajoutera-t-il pas au petit nombre de celles qui lui viennent sans travail et sans effort, tandis qu'il ne peut pas augmenter à volonté d'un molécule toute la masse de son corps, ni faire renaître, à sa fantaisie, un seul cheveu de sa tête? L'industrie de notre intelligence et de nos arts est parvenue à décomposer la matiere, à lui donner beau

coup de formes et beaucoup de modifications différentes; mais cette substance par
elle-même est toujours d'une nature fort
réfractaire, et la seule espece de perfectibilité dont elle est susceptible se trouve
resserrée dans des bornes rigoureusement
circonscrites. La carriere que parcourt
l'activité de la pensée est bien plus vaste,
grace à l'inconcevable expansibilité de sa
nature; et, quelque sujette qu'elle soit à
s'égarer dans l'immense étendue qu'elle
ose parcourir, on sent qu'il seroit également injuste et téméraire de prétendre
fixer, sans un motif de la plus haute importance morale ou politique, la derniere
limite où doit s'arrêter son essor.

Les mouvements spontanées de l'ame,
la prodigieuse impulsion [1] qu'elle peut

(1) Par quel autre mot exprimer une action
aussi puissante, aussi prompte, aussi immédiate, que celle que l'ame exerce sur les ressorts

donner d'abord aux forces de son propre corps, ensuite par le moyen de ses observations, de son expérience, de ses combinaisons à une foule de corps étrangers, quelquefois même simultanément, quelquefois même à de longues distances de temps et de lieux, toute cette merveilleuse influence d'une seule pensée, d'une seule volonté de l'ame, n'est-elle pas évidemment l'attribut d'une nature fort supérieure aux substances corporelles; n'atteste-t-elle pas d'une maniere frappante la sublimité de son origine, ses rapports intimes avec les intelligences célestes, avec le souffle divin par qui tout fut créé, par qui tout respire?

La matiere paroît essentiellement pas-

les plus cachés de l'organisation physique, quoiqu'elle ignore parfaitement elle-même et les moyens et les procédés de cette action tout à la fois si simple et si merveilleusement combinée?

sive; l'ame paroît essentiellement active; et sans un esprit qui l'anime, comment expliquer le premier mouvement de toute substance matérielle, comment en concevoir seulement la possibilité?

On peut distinguer, ce me semble, dans la nature trois espèces de mouvement très différentes : le mouvement donné par un corps à un autre au moyen de l'impulsion proprement dite; c'est un phénomene physique que nos yeux peuvent appercevoir sans peine; l'effet produit sur nos yeux par ce phénomene et l'impression qu'en reçoit notre sens intérieur, sont des mouvements que nous avons beaucoup plus de peine à comprendre, mais dont la réalité n'est pas moins évidente pour nous. Un autre mouvement enfin dont nous avons également la conviction la plus intime, mais dont le procédé sans doute est encore infiniment plus étonnant et plus mystérieux, c'est celui qu'aucune force physique, aucune affection de nos sens ou de notre cœur, mais la seule détermination de notre pensée, une abstraction toute pure obtient immédiatement des ressorts visibles et cachés de notre propre organisation ou de celle de nos semblables.

S'il est un fait à la portée de notre connoissance qui puisse nous donner l'idée de cette parole divine qui, suivant les saintes Écritures, fit sortir du néant toutes les merveilles de l'univers, c'est un miracle qui se renouvelle, pour ainsi dire, en nous-mêmes à chaque instant.

A côté de tant de puissance, que d'obstacles insurmontables, que de pitoyables foiblesses! Un léger engourdissement, une accélération imprévue dans le mouvement habituel du sang, un peu de pituite suffit pour déranger, pour arrêter, pour briser tous les ressorts de cet auguste empire :

Ad summum, sapiens uno minor est Jove, dives,
Liber, honoratus, pulcher, rex denique regum,
Præcipue sanus, nisi cùm pituita molesta est.

HORAT.

Le cultivateur remue la terre avec le soc de sa charrue, y passe la herse, et jette dans les sillons de son champ ainsi préparé la semence qui ne paroît encore alors qu'un amas de molécules parfaitement inertes. Après ce soin, qui ne semble, pour ainsi dire, qu'un hommage de sa confiance aux incompréhensibles bontés de la nature et de la Providence, que peut-il faire de plus pour favoriser ou pour hâter la germination des semailles, pour les faire lever, pour les garantir de l'intempérie des saisons, pour en obtenir le fruit dont la seve développée et nourrie par les sucs de la terre, par les vapeurs de l'air, agitée par les vents, et mûrie par les chaleurs du soleil, forme enfin le principal et le plus doux aliment de la vie. Tout pénible qu'est son travail, ne voit-il pas évidemment combien il seroit inutile sans la faveur des circonstances très indépendantes de ses efforts, sans le secours d'une puissance invisible qu'il ne peut concevoir, mais qu'il ne sauroit méconnoître, et dont il doit aimer sans doute à bénir les bienfaits [1] ?

Le philosophe , l'artiste, le poëte, connoît-il beaucoup mieux le mystere de ses plus sublimes ou de ses plus heureuses conceptions que le laboureur cé-

---

(1) C'est d'après ces rapports qu'en morale une intention vive et sincere semble tenir lieu de l'action même. L'intention paroît être en effet ce qui, dans le foible ressort de l'activité de l'homme, doit être regardé comme sa part la plus réelle, son titre le plus incontestable.

lui des produits de son travail? Sa mémoire est le champ qu'il cultive, ses méthodes, ses études sont la herse et sa charrue; les impressions et les observations qu'il a recueillies sont les semences qui doivent y fructifier : mais pourra-t-il jamais se rendre compte à lui-même de la premiere origine de ses pensées, des secrets de leur développement successif, des circonstances et des efforts qui contribueront le plus à les porter au point de maturité qu'elles doivent atteindre ?

Comment déterminer seulement le véritable mode suivant lequel une impression particuliere se généralise dans notre tête, le véritable mode suivant lequel une idée générale devient à son tour le germe de plusieurs impressions particulieres. Newton lui-même nous auroit-il expliqué dans quel moment et par quel procédé son génie conçut le projet d'analyser le mouvement et la lumiere ? Racine, comment son imagination enfanta le caractere de Phedre ou le plan d'Iphigénie? L'auteur de l'Apollon du belvédere, par quelle magie il évoqua le dieu dont la présence, grace à son ciseau, frappe encore aujourd'hui nos yeux étonnés de respect et d'admiration?

Il paroît évident que l'homme est composé de forces et de facultés qui participent de deux natures fort différentes, et dont l'une est infiniment supérieure à l'autre, quoiqu'à beaucoup d'égards elle-même ignore également et son pouvoir et ses limites, quoiqu'il semble du moins qu'elle ne puisse jamais agir sans le secours de l'autre, et que, malgré son infériorité, celle-ci ne prenne encore trop souvent sur elle l'ascendant le plus impérieux et le plus pénible.

L'existence de ces deux pouvoirs de nature si différente, et leur lutte perpétuelle a sans doute été reconnue et con-

statée par les expériences les plus simples et les plus sensibles, long-temps
avant d'avoir passé dans nos systêmes de
métaphysique et de théologie; et c'est
indépendamment de ces systêmes qu'il
faudroit encore tâcher de l'observer aujourd'hui pour en tirer de nouvelles lumieres et de nouveaux résultats.

Il seroit encore plus vrai qu'il ne l'est
que toutes nos idées viennent de nos
sens; où trouver dans ce systême l'explication de la faculté secrete qui les récon-
cilie, qui les combine, qui les analyse,
qui les recrée, qui parvient à former un
ensemble dont le modele n'exista jamais
hors de notre pensée. Entre l'impression
la plus compliquée et l'abstraction la
plus simple ne reste-t-il pas une distance
inappréciable qu'aucune de nos hypotheses philosophiques n'a pu ni détermi
ner, ni franchir?

Je conserve un souvenir très vif des

idées de ma premiere enfance. Il en est un assez grand nombre que je ne puis rapporter ni aux impressions de mes sens, ni aux résultats de leur foible expérience, ni aux habitudes de mon éducation. Je suis même convaincu qu'en observant avec soin le développement naturel des premieres années de tout enfant bien organisé, l'on y reconnoîtroit sans peine le germe d'une intelligence et d'une sensibilité morale fort supérieure aux progrès qu'on attend communément de cet âge, qu'on n'en devroit du moins attendre en s'obstinant à chercher le principe de toutes les facultés humaines dans le seul développement progressif de la sensibilité physique et des institutions sociales.

Indépendamment de toutes ces observations, n'y a-t-il pas dans l'action de la pensée, qui recueille, qui divise, qui compose, qui détermine, qui veut, qui commande, n'y a-t-il pas dans cette action si puissante, si indivisible, si mystérieuse, une force, un principe dont la nature n'a rien de commun avec les attributs bien connus de la matiere; ces attributs même les plus connus ne paroissent-ils pas absolument incompatibles avec le caractere d'un principe aussi nécessairement simple, aussi nécessairement indivisible?

L'unité d'action peut bien avoir lieu dans un corps quelconque comme résultat d'un mécanisme très compliqué; mais dans l'homme la pensée, au lieu d'être le résultat d'une certaine combinaison de mouvement, en est elle-même le premier moteur, le premier principe unique, sans aucune intervention, sans aucune force intermédiaire, et son action est aussi prompte, aussi simple que ses moyens et ses procédés sont impénétrables.

Il n'y a peut-être qu'une étude profonde des phénomenes de notre nature
intellectuelle et morale qui puisse nous
conduire à la premiere idée de l'existence de l'Être suprême; il n'y a peut-
être aussi que le développement de l'idée
de Dieu qui puisse nous faire entrevoir
les plus admirables mysteres de notre
propre existence; c'est sans doute ce que
les saintes Ecritures ont voulu nous rappeler lorsqu'elles nous disent avec une
simplicité si vraie et si sublime que Dieu
fit l'homme à son image.

Indued with sanctity of reason... self knowing
And from thence
Magnanimous to correspond with Heaven.

MILTON.

QUELQUES IDÉES

RELATIVES

AU SYSTEME DU DOCTEUR GALL.

S'IL y a quelque chose d'évidemment prouvé dans le systême crânologique du docteur Gall, c'est que certaines disposi-tions du cerveau se rencontrent toujours avec certaines dispositions fortement prononcées pour telle ou telle faculté, pour telle ou telle affection ; et même avant de l'avoir observée avec autant de patience et de sagacité que le docteur de Vienne, n'étoit-il pas fort naturel de supposer qu'une pareille analogie devoit exister, soit qu'il fût possible de la re-connoître, ou non ?

Je ne comprends pas encore ce que c'est que l'organe du vol, ou l'organe re-

14.

ligieux; je ne comprends pas même trop bien, je l'avoue, comment l'organisation de l'œil et celle de l'ouie peut devenir susceptible de toutes les impressions que nous en recevons; mais je ne puis douter que ces organes ne soient l'instrument sans lequel nous serions incapables de recevoir ces différentes impressions. Je vois encore que les fibres qui composent ces organes vont se perdre dans les circonvolutions de la membrane du cerveau. Je suis donc fort tenté de présumer que ces impressions doivent y laisser je ne sais quelle trace plus ou moins sensible, plus ou moins fugitive, plus ou moins profonde; et dans ce cas je conçois encore comment une de ces circonvolutions de la membrane du cerveau peut se trouver mieux disposée qu'une autre à les recueillir et à les conserver.

D'après l'observation, si souvent con-

statée, qu'il n'est aucune disposition naturelle du corps et de l'esprit qui ne se
développe, ne s'accroisse et ne se fortifie
par un exercice analogue au caractere, à
l'étendue, à l'intensité de ses moyens, il
me paroît encore assez probable que les
circonvolutions de la membrane du cerveau la plus immédiatement en rapport
avec l'organe de tel ou tel sens, de telle
ou telle faculté, soient aussi modifiées
d'une maniere très sensible par l'usage
que chaque individu peut avoir fait depuis son enfance de ce sens ou de cette
faculté, que ce soit un premier penchant,
un choix parfaitement libre, le pouvoir
de l'éducation ou le hasard des circonstances qui l'aient ainsi décidé.

On a remarqué dans plusieurs individus, et dès la plus tendre jeunesse, une
aptitude singuliere à saisir, à retenir
certaines impressions qui, chez d'autres,
ne laissoient aucune trace, qu'une appli-

cation même très soutenue, très opi-
niâtre, ne parvenoit à graver dans leur
souvenir que d'une maniere obscure et
confuse. N'a-t-on pas aussi remarqué souvent que la maladie avoit effacé quelquefois entièrement, et quelquefois pour
long-temps, l'empreinte des impressions
les plus vives et les plus habituelles, dans
d'autres circonstances seulement les signes convenus de ces impressions ou de
ces images? N'est-il pas à présumer que
ces variétés si sensibles entre des individus de la même espece, dont la premiere éducation fut absolument la même,
entre deux états du même individu, à
différentes époques, doivent tenir à la
diversité de leur organisation primitive
et des altérations successives dont cette
premiere organisation peut avoir été susceptible?

Si l'admirable labyrinthe des circonvolutions de la membrane du cerveau

semble être en effet le dépôt mystérieux
de nos impressions, de nos idées, de nos
sentiments, des signes abrégés par lesquels nous sommes convenus d'exprimer ces sentiments, ces idées, ces impressions, peut-on se dispenser d'admettre un ordre quelconque suivant
lequel une si grande multitude d'objets
divers se trouve rangée dans un si petit
espace, et classée de manière à pouvoir
se retrouver facilement, se diviser et se
réunir, paroître et disparoître, s'endor-
mir et se réveiller en quelque sorte au
gré de notre volonté, mais toujours cependant d'après certaines regles, d'après
certaines lois, que cette volonté se trouve
forcée de respecter pour être sûre de se
voir obéir?

Il est un état de notre existence actuelle qui m'a toujours paru singulièrement propre à nous faire observer les
mouvements les plus secrets et les plus

involontaires de l'organisation intérieure
de l'homme ; c'est cette espece de demi-
veille qui suit ou qui précede le sommeil.
Je l'ai déja dit ailleurs ; mais je ne crains
point de répéter une remarque à laquelle, toute simple qu'elle est, on pourroit devoir encore d'assez importantes
découvertes en psycologie comme en
physiologie. Dans cet état de demi-veille,
nous voyons les différentes facultés, les
différentes affections, dont se compose
notre être, comme abandonnées à elles-
mêmes, les unes complètement engour-
dies, d'autres encore très actives, l'être
même quelquefois avec plus d'énergie et
plus de liberté qu'en aucune autre circonstance. C'est alors que certaines idées,
certaines impressions, certaines images,
se réveillent, pour ainsi dire, isolément
et d'un mouvement spontanée, viennent
s'offrir à notre pensée, la troublent, l'as-
siegent, la tiennent en quelque sorte cap-

tive, et résistent puissamment à l'intention qui voudroit les repousser et n'en a plus la force. Les différentes facultés de notre organisation rappellent alors le trouble et le désordre d'une république fédérée, qui n'a plus de centre commun, ou dont le pouvoir central n'est plus en équilibre avec les résistances qu'il éprouve, et qu'en conséquence il n'a plus le moyen de réprimer ou de contenir.

En considérant notre organisation intérieure aux époques assez fréquentes d'une crise de ce genre, il semble en effet qu'elle soit plutôt un aggrégat de différentes facultés qu'une seule et unique substance douée de plusieurs facultés toujours subordonnées au même principe, quoique susceptibles de modifications fort diverses et souvent fort discordantes. Mais avant d'oser décider laquelle de ces deux hypotheses est non seulement la plus vraisemblable, mais encore la mieux fondée, nous nous bornerons à recueillir encore quelques expériences qui pourront servir peut-être dans la suite à faciliter la solution du problême.

Dans l'état de demi-veille dont nous venons de parler, on a pu souvent observer que c'est le genre de pouvoir ou de faculté qu'on avoit exercé durant l'état de veille avec le plus d'intérêt, de suite ou d'application, qui d'ordinaire se réveille le plutôt, ou reste le plus long-temps en activité. On diroit que c'est la corde de l'instrument touchée le plus fréquemment, avec le plus d'énergie, le plus de chaleur, le plus de vivacité, qui se trouve aussi la plus disposée à continuer, pour ainsi dire, d'elle-même les différentes vibrations qu'en avoit su tirer la fantaisie de l'artiste par qui cette corde avoit été mise d'abord en mouvement.

L'impulsion donnée à la fibre organique des sens que nous connoissons le moins comme de ceux que nous connoissons le mieux, cette impulsion, soit qu'elle vienne du dehors, ou qu'elle soit le résultat d'une force intérieure, se prolonge, se propage, et se renouvelle encore souvent, lorsque l'action qui l'avoit excitée n'est plus sensible, lorsque cette action paroît avoir entièrement cessé, ou lors même qu'une autre action tout-à-fait opposée à la premiere s'efforce inutilement de l'arrêter ou de la détruire. Cette lutte si pénible et si dangereuse se manifeste de la maniere la plus frappante dans le paroxysme de toute grande passion, dans les accès de toute espece de folie.

Je suis loin de prétendre que la chose soit précisément ainsi; mais il me semble qu'on pourroit expliquer assez naturellement les phénomenes les plus habituels et les plus ordinaires de notre organisation, en nous la représentant comme une espece d'instrument très compliqué, tel que le mélodion ou le panharmonicon, formé par conséquent de plusieurs parties fort différentes, et dont chacune pourroit avoir à la vérité dans certaines circonstances une tendance d'action isolée, mais qui n'en seroient pas moins unies entre elles par un lien commun, et dont l'effet général n'atteindroit le plus haut degré de perfection dont il est susceptible qu'autant qu'elles seroient entièrement d'accord, accord qui ne pourroit être obtenu que par l'influence décidée d'un agent capable de les concilier et de les diriger vers ce but.

C'est d'après une pareille idée sans doute que Pythagore et Socrate ne voyoient dans leur sage que le plus grand des musiciens, et ne croyoient pouvoir mieux définir la philosophie qu'en l'appelant la véritable musique de l'ame.

Mais il est deux choses sur-tout dans cette hypothese, et dans les différentes observations sur lesquelles cette hypothese repose, qu'il ne faut pas oublier; la premiere, que l'impulsion reçue par certains ressorts de notre être physique et moral peut durer, augmenter même indépendamment de la force qui l'a produite [1]; la seconde, que quelque irrésistibles que deviennent souvent les suites de cette premiere impulsion, il est bien

(1) Je me rappelle avoir vu à Louisbourg un grand clavecin organisé, dont les accords se prolongeoient mélodieusement et sans aucune confusion plusieurs instants après qu'on avoit cessé d'en toucher le clavier. Je fus frappé d'abord de l'espece d'analogie qui pouvoit exister entre l'ingénieuse organisation de cet instrument et celle du dépôt mystérieux de nos impressions et de nos idées, que dans certaines écoles on a cru pouvoir désigner sous le nom de *sensorium commune*.

rare qu'elles ne puissent être modifiées, du moins à de certaines époques plus ou moins longues, plus ou moins favorables, par cet agent régulateur dont on ne sauroit nier l'existence, mais qui risque sans cesse de voir altérer son pouvoir, lorsqu'il n'emploie pas toutes les ressources qui lui sont données pour le soutenir et pour le défendre.

On a donné de tout temps différents noms à cette force dirigeante. La secte des stoïciens qui lui rendoient le culte le plus austere l'ont appelée ηγεμονικον; celle des platoniciens, tantôt λογος, tantôt δαιμων. Aristote lui donne le nom plus simple et plus modeste de πρωαιρεσις. Nos philosophes et nos théosophes modernes l'ont appelée tour à tour ame, esprit, raison, sens moral, libre arbitre, grace divine, etc. N'importe, la multitude et la diversité de ces dénominations ne prouvent-t-elle pas assez que cette force dirigeante a été reconnue de tout temps, et qu'il n'est, pour ainsi dire, aucun système où l'on ait cru pouvoir en contester la réalité?

~~~~~~~~~~~~~~~~~~~~~~~~~~~~~~~~~~~~~

DU RECUEILLEMENT.

Il est peu d'hommes à qui l'habitude du recueillement soit familiere ; et l'on n'a point encore assez réfléchi sur les effets et sur la puissance d'une habitude si peu commune. Notre organisation, la maniere dont nous sommes élevés, celle dont nous passons la plus grande partie de notre vie, ne sont guère propres à nous donner une pareille disposition. Au lieu de concentrer nos pensées sur un seul objet, nous les laissons errer au milieu d'une succession continuelle d'impressions fort diverses, quelquefois même très opposées l'une à l'autre. Tant de divergence et tant de mobilité sont tout-à-fait incompatibles avec ce recueillement sans lequel nos facultés ne sauroient atteindre toute l'énergie dont elles sont susceptibles, du moins sous certains rapports et dans certaines circonstances.

La différence des ressources de notre esprit dans l'état de distraction où nous vivons habituellement, à celle où peut les élever un état de recueillement parfait, n'est pas moins incalculable que la différence des rayons du soleil qui, disséminés dans le vague des airs, ont à peine assez de force pour entretenir la chaleur de la terre, à ces mêmes rayons lorsque, concentrés dans le foyer d'un miroir ardent, vous les voyez fondre les matieres les plus dures, les plus compactes, comme l'or et le diamant.

Il y a non seulement différents degrés de recueillement plus ou moins absolus, il y en a même plusieurs especes. Nous pouvons recueillir les forces de notre sensibilité, comme celles de notre pensée, nos forces morales comme nos forces physiques ; ce recueillement peut être l'effet de nos propres efforts, ainsi le résultat d'une volonté déterminée. Il peut exister aussi par l'entraînement d'une impression intérieure ou extérieure à laquelle toutes nos facultés ont dû céder, à laquelle nous n'avons eu ni le temps ni la force de résister. Cette dernière espèce de recueillement paroît toujours subite, quoique préparée peut-être long-temps d'avance par toutes les dispositions qui l'ont précédée, et quelque longues, quelque importantes encore qu'en puissent être les conséquences. Les autres sont le produit d'une suite d'habitudes dirigées vers le même but ; elles naissent de l'attention soutenue avec laquelle nous avons tâché d'établir et de ménager entre nous et les objets qui nous occupent, le rapport le plus juste et le plus intime.

C'est une observation suffisamment justifiée par l'expérience, que le calme, la solitude et l'obscurité, sont des circonstances très propres à favoriser toute espece de recueillement volontaire. Un bruit cependant toujours le même, un bruit qui n'est pas trop rapproché de nous, ne cause guère de distraction aux personnes qui s'y sont accoutumées; il peut même contribuer quelquefois à prolonger leur rêverie, à soutenir le cours de leurs méditations les plus sérieuses. J'ai connu des hommes de lettres qui au milieu du tumulte de Paris composoient avec autant de facilité qu'à la campagne, dans le silence de la retraite. Ce n'est pas le bruit des grandes capitales qui m'a jamais empêché de me livrer à l'étude avec toute l'application dont j'étois capable; c'est l'idée fatigante du mouvement continuel de tant de grandes et de petites passions qui ne cessent d'agiter un rassemblement d'hommes si prodigieux; c'est le spectacle rapproché de tant de

puissants intérêts qui se croisent et se
heurtent perpétuellement; c'est la suite
pressée, non interrompue, de tant d'impressions rapides et variées qui viennent
irriter, pour ainsi dire à chaque instant,
la curiosité de nos desirs et de notre
attention.

Il y a dans l'atmosphere même des
grandes villes, je ne sais quel prestige
subtil qui tend sans cesse à distraire également nos sentiments et nos pensées, à
les éparpiller en quelque sorte sur mille
surfaces diverses, sans leur permettre jamais d'en pénétrer aucune, encore moins
de s'attacher à quelque objet que ce puisse
être avec un intérêt profond et durable.
Je comprends parfaitement qu'on parvient à s'isoler à Paris comme par-tout
ailleurs; mais alors on cesse d'y vivre en
réalité. On habite encore le même sol,
mais on en est moralement à mille lieues.

Beaucoup de méthodes nouvelles d'en-

seignement, toutes subtiles, toutes ingénieuses, toutes séduisantes qu'elles peuvent paroître, sont en dernier résultat
beaucoup moins utiles que ne le seroient, je crois, quelques regles d'une
pratique éprouvée pour disposer heureusement notre esprit au degré de recueillement dont il est susceptible, En voici
quelques unes bien simples.

Accoutumer notre attention à s'arrêter
au même objet tout le temps nécessaire
pour le bien voir, pour le bien saisir.
Dans l'enfance fixer un temps limité pour
exécuter une tâche quelconque sous peine
d'y revenir encore une seconde fois,
une troisieme fois, jusqu'à ce que l'objet
de la leçon ait été rempli.

Avoir à tout âge des heures réglées
pour les différents travaux, les différentes méditations dont on veut s'occuper;
l'esprit prend assez facilement de semblables habitudes, et se trouve plus dis-

posé par là même au genre d'efforts, au
degré de contention qu'exige le retour
déterminé de ces différents emplois de
son activité.

Je connois des hommes d'une imagination très vive, d'un caractere très in-
dépendant, qui doivent à l'heureux effet
de ce régime, rigoureusement suivi, tous
les succès d'un immense travail, d'un
travail auquel, de toute autre maniere,
ils n'auroient jamais pu suffire.

On a dit qu'il y avoit des philosophes
indiens qui passoient des heures entieres
à regarder la pointe de leur nez pour
disposer leur ame à la contemplation des
vérités les plus sublimes. Cet usage doit
nous paroître sans doute assez ridicule;
mais se contraindre à fixer ses regards
sur le même objet, de quelque nature
même qu'il soit, à les fixer long-temps de
suite, c'est un exercice de l'attention qui

peut avoir infiniment plus d'utilité qu'on ne pense.

Pour parvenir à un certain but, quelque peine qu'on ait à l'atteindre, souvent il suffit de s'interdire avant tout jusqu'à l'idée d'en poursuivre un autre; nos forces, oisives ailleurs, semblent se porter alors d'elles-mêmes vers le point où elles trouvent le seul emploi permis à leur activité naturelle.

Mais il ne faut pas oublier sans doute ici qu'en morale comme en politique il n'est point de ressort qui ne se relâche ou ne se brise lorsqu'il est plus tendu qu'il ne doit l'être : il est pour chaque esprit un terme que tous ses efforts ne dépasseront jamais; il y auroit même du danger à vouloir le tenter. Il est encore plus d'un but auquel on n'arrive qu'après de certains intervalles de repos, par des tentatives plus ou moins prolongées, par

16

des essais interrompus et repris à propos.

Une idée jetée dans notre ame ou dans un moment de calme, ou dans le moment d'une agitation analogue à la nature de cette idée, s'y développe, y germe, y fructifie comme la semence répandue à temps dans une terre bien préparée. J'ai remarqué souvent qu'après avoir repris, immédiatement avant de me livrer au sommeil, la suite des idées dont je m'étois occupé pendant le jour, j'en poursuivois la trace à mon réveil avec plus de force et de facilité.

Madame de Sévigné dit assez familiè-rement peut-être, mais avec beaucoup de vérité, ce me semble, qu'il y a des pensées et des projets qu'il faut laisser cuire dans sa tête pour leur donner la maturité qui leur manque. C'est par l'heu-reuse application de cette maxime qu'on peut se préparer des moments de recueil-lement d'autant plus précieux que leur retour est amené quelquefois par des circonstances tout-à-fait imprévues, indépendamment même de nos efforts et de notre volonté.

Comme un sommeil profond est le dernier terme de l'inactivité de notre existence morale, l'extase n'est peut-être que le plus haut degré de recueillement dont nos facultés intellectuelles soient susceptibles, ainsi le *maximum* de leur concentration et de leur énergie.

Ce qu'un pareil état peut faire naître de phénomenes étonnants et prodigieux n'est pas facile à déterminer, et tout ce que le raisonnement en daigne admettre ou comprendre lorsqu'on est de sang-froid, risque encore d'être assez loin de la vérité.

Puisque dans cet état, des esprits naturellement bornés ont eu des souvenirs plus étendus et plus distincts, des conceptions plus vastes et plus sublimes que n'en ont communément dans leur état habituel des esprits d'un ordre supérieur, où poser avec confiance la borne que les facultés de l'homme, exaltées à ce point, ne sauroient franchir ?

S'il est bien constaté que, durant les affections nerveuses qui produisent le transport ou l'extase, on a vu très clairement dans le présent et dans le passé ce qu'on n'avoit aucune possibilité d'y voir avant ou après la crise, est-il donc absolument prouvé que, dans un état tout-à-fait analogue à celui-là, l'on ne puisse découvrir aussi, malgré la distance des temps et des lieux, des choses plus ou moins remarquables, et que l'homme n'eût jamais découvertes par le moyen de ses ressources habituelles ?

On ne sauroit trop se tenir en garde sans doute contre toute hypothese qui semble propre à favoriser, entretenir ou justifier d'absurdes chimeres et de vaines superstitions ; mais il ne faut pas non plus rejeter légèrement les conséquences naturelles de faits bien avérés, ou d'observations qui, pour être fort extraordinaires, n'en sont ni moins exactes, ni moins dignes d'être recueillies et de devenir l'objet d'une méditation aussi sévere qu'impartiale.

Le pouvoir de nos facultés intellectuelles dépend très sensiblement de la disposition particuliere, ou physique, ou morale, dans laquelle nous essayons de l'exercer. Pascal a dit que la justice et la vérité sont deux pointes si subtiles que nos instruments sont trop émoussés pour y toucher exactement. L'influence d'un certain degré de maladie ou de santé, d'un certain degré d'application et de recueillement, d'une certaine exaltation de notre sensibilité morale, ne pourroit-elle pas aiguiser ces instruments trop émoussés par l'usage habituel que nous

16.

en faisons et les rendre même plus propres à saisir quelques vérités, ne fût-ce
qu'instantanément ?

En méditant sur les merveilles de la
nature, sur les bienfaits et sur les secours
imprévus de cet ordre invisible auquel
les plus puissantes comme les plus obs-
cures destinées ne cessent jamais d'être
soumises, en méditant sur tous ces objets
avec le recueillement d'une sensibilité
profonde, l'ame ne s'éleve-t-elle pas plus
sûrement à l'idée d'un être suprême, de
l'éternel auteur de l'univers, qu'en ne
méditant sur ces mêmes objets si fort au-
dessus de toutes les mesures de l'intelligence humaine, qu'avec le recueillement
de l'esprit même le plus éclairé, le plus
réfléchi ?

Et voilà pourquoi sans doute les saintes
Écritures nous disent de tant de manieres
que c'est le sentiment qui nous conduit à
la véritable piété, qu'il faut commencer

par aimer Dieu pour apprendre à le connoître ; et dans le divin sommaire de la
loi : Tu aimeras Dieu de tout ton cœur,
ensuite de toute ton imagination ; enfin,
par la gradation la plus conforme à la
marche même de la nature, de toute ton
intelligence, de toute ta pensée.

DE LA DIMINUTION
ET DE L'ACCROISSEMENT
DE NOS FACULTÉS
INTELLECTUELLES ET MORALES.

On ne sauroit nier que le développement de nos facultés intellectuelles et morales ne suive en général le développement de nos forces physiques, et que la diminution de ces facultés physiques, soit qu'elle résulte de quelque maladie particuliere, ou du dépérissement progressif de l'âge, n'influe aussi d'une maniere très marquée sur l'état habituel des différentes facultés du sentiment et de la pensée. Mais une observation attentive ne nous découvre-t-elle pas une infinité de variations et de nuances très distinctes dans l'influence réciproque, ou, si l'on veut, dans le parallélisme des deux systêmes de l'homme physique et de l'homme moral?

N'existe-t-il pas des constitutions physiques naturellement foibles ou que des accidents imprévus, une application extraordinaire, un régime et des habitudes peu convenables à la santé du corps, ont étrangement affaiblies, et qui n'en paroissent que plus propres à favoriser l'exercice de certaines facultés intellectuelles? Un jeune homme d'un tempérament robuste, et dont les sens, en raison même de cette force de tempérament, ne peuvent manquer de prendre sur lui beaucoup d'empire, aura-t-il autant de disposition à faire de beaux vers que des êtres aussi frêles que Pope et Voltaire, à calculer comme d'Alembert, qui n'étoit guère plus jeune au physique à dix-huit ans qu'à soixante?

Les facultés intellectuelles que l'âge diminue le plus sensiblement sont celles dont l'exercice semble tenir davantage à quelque organe particulier, à l'activité déterminée de certains sens. Celles que communément on voit le moins altérées par les infirmités de la vieillesse sont les facultés dont l'énergie tient sur-tout au pouvoir de l'habitude, que renforce un exercice aussi réfléchi que soutenu, l'isolement même de toute influence étrangere, le calme des sens et l'éloignement de tous les objets par lesquels ce calme pourroit être troublé.

La mémoire est, sans contredit, une des facultés qui paroît se ressentir le plus de l'affoiblissement de nos forces physiques. Il est des rapports cependant sous lesquels cette faculté conserve une force singuliere jusque dans l'âge le plus avancé. J'ai vu M. Abauzit, à quatre-vingt-douze ans, se rappeler très distinctement la page de telle ou telle édition d'un auteur classique où se trouvoit l'éclaircissement qui pouvoit le mieux résoudre le point d'histoire dont il étoit question. On sait qu'à propos d'un passage de l'Enéide, traduit par M. Delille, dont on parloit devant feu M. l'archevêque de Paris, ce vénérable prélat se plut à réciter sur-le-champ les quinze à vingt vers de l'original. Quelqu'un, en témoignant sa surprise, dit que ce trait de mémoire devoit étonner d'autant plus qu'il y avoit peut-être trente ans que S. Em. n'avoit pas relu son Virgile. — Que dites-vous, trente ans? il y en aura bientôt quatre-vingts.

Les hommes d'un certain âge se rappellent ordinairement avec beaucoup plus de facilité les souvenirs de leur premiere jeunesse que ceux d'une époque beaucoup moins éloignée du moment présent. Les impressions dont notre attention ou notre réflexion a le plus souvent fixé, repassé, renouvelé le trait, semblent se graver plus profondément dans la mémoire, et s'offrent encore à notre pensée avec le plus de promptitude et de facilité. On diroit que la mémoire est comme un cadre d'une étendue déterminée, et qui par là même ne sauroit contenir qu'un certain nombre de traits et de signes, que tout ce qu'on y voudroit ajouter au-delà de ces justes limites n'y trouve plus de place, et ne sert qu'à confondre, embrouiller ou effacer ce qui sy trouvoit déja tracé avec plus ou moins d'ordre ou de netteté.

Le danger de surcharger sa mémoire n'est donc guère moindre que celui de ne pas l'exercer assez. Mais un choix heureux des objets les plus dignes d'être retenus, une méthode vraiment philosophique pour les classer, sont les grands moyens et d'épargner et d'étendre les

ressources de la mémoire la plus vulgaire.
En tirant le meilleur parti du moment
présent, il faut toujours réserver quelque chose pour le moment qui le suivra,
qui peut du moins le suivre. Ainsi l'un
et l'autre se lieront et s'aideront mutuel-
lement. De très grands efforts ne peuvent être justifiés que par l'impérieux
besoin d'une circonstance extraordinaire.
Dans le cours habituel de la vie, c'est en
commençant de bonne heure, en conti-
nuant toujours d'apprendre et de penser, mais sans fatigue et sans excès, que
nous conserverons le plus long-temps,
et que nous augmenterons même à quelques égards, jusqu'au dernier terme de
la vie, la disposition la plus heureuse
pour apprendre et pour penser.

Je ne soutiendrai pas avec le docteur
Gall qu'il existe un organe pour le sens
religieux, comme il en est bien sûrement
un pour la musique. Mais je me suis con-

vaincu par une foule d'expériences et
d'observations que l'une et l'autre de ces
facultés ou de ces dispositions naturelles
ne sauroient être développées trop tôt,
et que lorsqu'elles l'ont été raisonnablement dès le premier âge elles se soutien-
nent jusque dans l'âge le plus avancé,
renaissent même souvent après avoir
paru long-temps étouffées par d'autres
soins, par d'autres pensées, par d'autres
intérêts, et que leur bienfaisante influence
est revenue consoler plus d'une fois les
ames sensibles qui n'en conservoient plus
qu'un foible souvenir, de la perte de
beaucoup d'autres jouissances, de beaucoup d'autres illusions. Le charme de la
dévotion ainsi que celui de la musique,
pour être vivement senti, suppose toujours une certaine mollesse et d'imagination et de sensibilité qui, sans doute,
n'est jamais aussi susceptible que dans la
premiere jeunesse, mais qui l'est encore

quelquefois, et d'une maniere très frappante dans l'âge où de vives reminiscences
du printemps de nos jours viennent rem-
placer avec tant d'intérêt le bonheur auquel il ne nous est plus permis de prétendre, et nous font éprouver en même
temps plus vivement tout le besoin d'élever nos vœux plus haut, vers un autre
monde, vers un nouvel avenir. Il est
plus d'un rapport sous lequel le premier
et le dernier âge se trouvent singulièrement rapprochés [1]. L'un et l'autre se

(1) J'ai rencontré souvent dans la société où
j'ai vécu des hommes qui, dans tout le cours de
leur vie, avoient été d'un commerce aimable et
facile, dont la vieillesse, sans que leur tête parût
affoiblie, avoit fait de véritables enfants remplis
d'entêtement et de caprices. J'en ai connu d'autres au contraire à qui, dans la force de l'âge,
on reprochoit beaucoup de brusquerie et de
morosité, dont la vieillesse a rendu l'esprit plus
indulgent, l'humeur tout à-la-fois plus douce,
plus calme, et plus gaie.

sentent foibles et n'en sont que plus sensibles. Or on peut le dire, dans un sens qui n'est nullement irréligieux :

> De la tendresse à la dévotion
> Il n'est qu'un pas ; l'une et l'autre est foiblesse.

Il faut avoir reconnu sa propre foiblesse pour chercher hors de soi l'appui le plus propre à la soutenir. Oui, c'est aux enfants, aux ames qui ont la candeur, les craintes, la confiance et la simplicité de cet âge qu'est destiné le royaume des cieux. Pour la premiere jeunesse, la vie, quelque courte qu'elle soit, ne semble-t-elle pas une éternité ? Dans la vieillesse, l'éternité, quelque vague, hélas ! qu'en soit l'idée, n'est-elle pas une vie nouvelle dont les félicités ne sauroient être payées de trop de peines et de trop de sacrifices ? Dans l'un et l'autre âge on n'est calme, on n'est heureux qu'en se soumettant avec un dévouement pur et sincere au pouvoir dont il faut dépendre, et dont on a tant de raisons de chérir et de respecter l'empire.

N'est-ce pas encore une chose infiniment remarquable que le sens religieux, le développement de la pensée humaine le plus étonnant et le plus sublime, soit, au moins dans un très grand nombre d'individus, celui qui survit à tous les autres, qui, loin de perdre de son énergie dans ces derniers instants de leur existence terrestre, s'y manifeste souvent de la maniere la plus vive et la plus touchante, avec une puissance, une exaltation tout-à-fait extraordinaires?

DU POUVOIR.

« Quand les anciens, dit Rousseau
« dans son Emile, appeloient *Optimus*
« *Maximus* le Dieu suprême, ils disoient
« très vrai. Mais en disant *Maximus*
« *Optimus* ils auroient parlé plus exac-
« tement, puisque sa bonté vient de sa
« puissance ; il est bon parcequ'il est
« g:and ». Cette idée est aussi juste qu'elle
est sublime. L'Être souverainement puissant doit être souverainement bon. Une
ame véritablement grande est toujours
bonne et généreuse ; mais il n'en est pas
de la puissance de l'homme, quelque
étendue qu'on puisse l'imaginer, comme
de celle de Dieu. Il est malheureusement
loin d'être vrai que la bonté morale de
l'homme soit toujours en raison de sa
puissance.

Comment le pouvoir, qui n'est pas en rapport avec l'étendue naturelle des facultés de l'être doué de ce pouvoir, se préserveroit-il lui-même des abus et des usurpations, des erreurs et des injustices où l'entraîne sans cesse la masse et l'impétuosité de ses propres forces? Tel est le pouvoir, ou la liberté qui n'est que le pouvoir sous un autre nom, entre les mains de l'enfance, de la jeunesse, de la populace sans guide, sans expérience; tel est le pouvoir du despotisme oriental, tel est encore le terrible pouvoir que le manichéisme de plus d'un système religieux attribue au principe du mal.

Entre les mains d'un foible mortel tout pouvoir qui dépasse les limites de l'intelligence humaine dont elle ne peut suivre et diriger l'exercice, dont elle ne peut régler les mouvements, dont elle ne peut arrêter ni contenir la violence et les progrès, n'est-il pas de toutes les monstruosités de la nature la plus énorme et la plus menaçante?

Il n'est point de faculté, de quelque genre qu'elle puisse être, qui, devenue assez prédominante pour rompre l'accord naturel de nos forces, l'espece d'équilibre dont dépendent l'harmonie et le repos de l'ensemble, ne soit un premier germe de folie ou de destruction. Ces facultés trop prédominantes ne sont pas moins dangereuses dans l'économie de notre être que ne l'étoient, dans les anciennes républiques, ces citoyens, qui, par l'ascendant de leur génie, de leur crédit ou de leur richesse, étoient parvenus à mettre continuellement en péril le repos et la liberté de leur patrie.

Tout pouvoir humain, pour s'appuyer sur une base solide, comme pour se garantir de ses propres excès, a besoin d'une barriere réelle, d'une barriere qui ne gêne point l'utile exercice de ses forces, mais dont l'influence imposante puisse frapper à chaque instant l'imagination et la pensée.

Cette barriere, en morale, est la conscience ou le sentiment de ce qu'exige l'intérêt le plus général, le plus constant; en politique, la loi de l'état; en religion, l'un des cultes que la conscience et la constitution n'ont point proscrits.

Au moral, aussi bien qu'au physique, il n'y a point de force réelle, il n'y a point de ressort puissant et durable où il n'y a ni réaction ni résistance. Mais il faut sans doute que cette réaction et cette résistance soient tellement calculées qu'elles ne servent qu'à maintenir l'action du ressort dans la tendance relative à l'effet qu'il doit produire, et que, sous ce rapport, loin de gêner cette action, il en augmente encore la prestesse et l'énergie.

DE NOS RAPPORTS

AVEC

UN ORDRE DE CHOSES INVISIBLES.

Les opinions les plus extravagantes, lorsqu'elles sont généralement répandues, sont presque toujours autant d'hommages rendus involontairement à des vérités altérées ou méconnues, soit par notre ignorance, soit par l'erreur de nos préjugés et de nos passions. Les rêveries les plus ridicules de l'astrologie et de la nécromancie, les systêmes adoptés dans tant de pays et durant tant de siecles, sur l'influence des astres, des nombres, des génies et des fées, des sortileges et des enchantements de toute espece, n'ont pu résulter que de cette conviction intime et trop bien éprouvée

en effet de la dépendance continuelle
où nous sommes d'un pouvoir invisible,
d'un pouvoir dont la faveur mystérieuse
est l'indispensable condition du succès
de tous nos efforts et de toutes nos entreprises. Au lieu de reconnoître ce pouvoir et d'en respecter le mystere, il n'est
point d'efforts et de moyens dont on ne
se soit avisé soit pour le découvrir, soit
pour le conjurer. On a confondu folle-
ment la série des causes et des effets qu'il
est possible de calculer d'avance avec
plus ou moins de probabilité, plus ou
moins de précision, et celle des chances
supérieures tout-à-fait inconnues et tout-
à-fait incalculables qui peuvent en troubler, en interrompre le cours.

Il est non seulement permis, mais encore de notre devoir, de chercher à connoître l'enchaînement le plus régulier,
le plus constant de la premiere de ces
séries. Quant à l'autre, il faut nous bor-

ner sans doute à ne pas l'oublier dans nos calculs, mais ne l'y faire entrer que comme une puissance inconnue, dont les effets sont aussi certains qu'ils sont impénétrables, et dont nous ne pouvons hâter le secours ou diminuer le danger, que par l'influence habituelle de nos dispositions morales, ou par l'influence plus sensible encore de nos principes religieux et de la douce confiance que ces principes doivent nous inspirer. Ce sont les seuls talismans auxquels l'homme raisonnable puisse croire, et les seuls dont l'homme vraiment pieux se permettra jamais de faire usage.

DU RESPECT POUR LES MORTS.

CE n'est pas seulement par nos raisonnements, c'est encore par nos habitudes
qu'il faut tâcher d'entretenir et de forti-
fier la conviction des vérités utiles. Des
institutions, des cérémonies, des pra-
tiques nationales, sagement conçues,
sagement ordonnées, sont très propres
à rendre une croyance intéressante pour
le bonheur général comme pour celui
des individus, plus positive, plus commune, plus populaire, à lui donner,
sous tous les rapports, une influence
plus active et plus décidée. On peut juger
en quelque sorte le degré d'importance
et même le degré de foi qu'un peuple
ajoute au dogme de l'immortalité par le
respect que ce peuple a pour les morts,

par les honneurs qu'il rend à ceux qui
ne sont plus, par les souvenirs qu'il con-
sacre à leur mémoire. On sait quel intérêt les Grecs et les Egyptiens attacherent
aux usages religieux de la sépulture; à
tous les moyens employés par eux pour
conserver les restes de leurs parents, de
leurs amis, de leurs bienfaiteurs, de leurs
concitoyens, pour se rendre plus présente l'image de leurs traits et de leurs
vertus, pour prolonger autant qu'il leur
étoit possible la durée d'une existence si
passagere et dont les traces, même les
plus brillantes, sont sitôt évanouies.

On croit peut-être plus fortement à
l'immortalité dans les pays du nord que
dans ceux du midi, parceque dans les
premiers le climat permet pour les morts
des soins et des égards qu'il est plus difficile ou qu'il seroit trop dangereux de
leur rendre dans les autres. Plus on s'oc-
cupe du souvenir de ceux qui ont dis-

paru de la terre, plus on a besoin de croire qu'ils existent encore, et plus on se persuade aussi de la réalité de cette existence cachée à nos yeux. On conserve, on entretient avec eux des rapports de souvenir, de reconnoissance, et d'espoir. On se flatte de les retrouver un jour, et l'on redoute moins le passage pénible qui reste à franchir pour jouir d'une si douce réunion. On dit avec l'Antigone de Sophocle : « C'est là que je « reposerai, l'amie avec son ami. On est « plus long-temps avec ceux qui sont « descendus dans le tombeau qu'avec « ceux qui restent sur la terre. Là, près « de lui, j'y demeurerai toujours [1]. »

---

(1) Φίλη μετ' αὐτῷ κείσομαι, φίλη μέτα.
　　　Ἐπεὶ πλείων χρόνος;
　"Ον δεῖ μ' ἀρέσκειν τοῖς κατω, τῶν ἐνθάδε
　Ἐκεῖ γὰρ αἰεὶ κείσομαι.

FIN.

TABLE.

FIN DE LA TABLE.

NOTICE ABRÉGÉE

de quelques uns des livres qui se trouvent chez
ANT. AUG. RENOUARD, libraire, rue Saint-
André-des-Arcs, n° 55.

OEuvres completes de Berquin, rangées dans un
meilleur ordre par Ant. Aug. Renouard. 1803; 20 vol.
in-18, pap. fin, avec gravures, et in-12, pap. vél.

Petit Carême de Massillon, 1 vol. — Oraisons funebres
de Bossuet, 2 vol. — de Fléchier, 2 vol. — de Bourdaloue, La Rue, Mascaron, Massillon, 1 vol. — Ensemble, 6 vol. in-18 et in-12 pap. fin et vélin.

Histoire universelle de Bossuet, avec la Continuation
par lui-même, 6 vol. in-18 et in-12, avec portrait.

Les Provinciales, par Pascal, 2 vol. — Pensées du même,
2 vol. in-18 et in-12, portrait.

Caracteres de la Bruyere et de Théophraste, 3 vol. in-18
et in-12, portrait.

Entretiens de Phocion, par Mably, in-18 et in-12, portr.

Conjuration contre Venise. — Conjuration des Gracques,
par Saint-Réal, in-18, in-12, et grand in-4.

Mémoires de La Rochefoucauld, premiere édition com-
plete; in-18 et in-12, avec 7 portraits.

OEuvres de Mathurin Regnier, 1 vol. — de Boileau, 1 vol.
— de La Fontaine, 5 vol. — de Deshoulieres, 2 vol.
— de J. B. Rousseau, 1 vol. — de Chaulieu et La Fare,
1 vol. — de Bernard, 1 vol. — de Gresset, 1 vol. —
de Bernis, 2 vol., le tout in-18 et in-12, avec portr.

Chefs-d'œuvre de P. et Th. Corneille, 5 vol. — Les
mêmes, avec les Commentaires de Voltaire, 5 vol. -
OEuvres de Racine, 5 vol. — de Moliere, 6 vol. — de
Regnard, 4 vol. — de Crébillon, 3 vol. in-18 et in-12.

13 petites estampes pour le Racine in-18 et in-12.

OEuvres de J. Racine, avec les variantes et imitations,
5 vol. in-8, avec 13 gravures de Moreau le jeune.

Gilblas, 4 vol. — Le Diable Boiteux, 2 vol. — Guzman

d'Alfarache, 2 vol. — le Bachelier de Salamanque, 2 vol. in-18 et in-12.

Lettres à Emilie sur la Mythologie, par Demoustier, 6 vol. in-18, in-12, et in-8, avec 37 gravures nouvelles, par Moreau le jeune.—OEuv. mêlées du même, 5 vol. in-18 et in-12; et 2 vol. in-8.

Le Mérite des femmes, et autres poésies de Legouvé, in-18 et in-12, avec fig.

Aminta di Tasso, 1 vol.—Ero e Leandro, ed altri Poemetti, 1 vol.—Poesie di Crudeli, 1 vol.—Tragedie di Alfieri, 6 vol.—Dafni e Cloe, 1 vol.—Abrocome e Anzia, 1 vol. in-18 et in-12, avec fig.

Fables of Gay and Moore, 1 vol. —The Vicar of Wakefield, 1 vol. — Sterne's Sentimental Journey, 1 vol. in-18 et in-12, avec fig.

Daphnis et Chloé, in-18 et in-12, avec fig.

Télémaque, 2 vol. in-18 et in-12, avec fig.

La Mort d'Abel, in-18 et in-12, avec fig.

L'Isle Imaginaire, et la Princesse de Paphlagonie, par mademoiselle de Montpensier, in-12, portrait.

Souvenirs de madame de Caylus, in-18 et in-12, portraits.

Apuleius, 3 vol. — Petronius, 2 vol. — Eutropius, Sextus Rufus, 1 vol. — Sallustius et Orationes in Catilinam, 3 vol. — Ciceronis Cato major, Lælius, 2 vol.— Cornelius Nepos, 2 vol. — Plinii Panegyricus, 1 vol. pap. vélin, avec fig. et portr.

OEuvres de Florian, 24 vol. in-18,

Les Veillées du Tasse, avec le texte italien, in-12 et in-8, fig.

OEuvres de Gilbert, 2 vol. — de Bertin, 2 vol.—Chefsd'œuvre de Colardeau, 2 vol. in-18; pap. fin et vélin.

Fables choisies de Faerne, pour l'instruction de la jeunesse, in-4, avec 51 grav. — de Florian, in-4, 102 gr.

Manuel pour la concordance des deux calendriers, seconde édition, dans laquelle les tables sont portées jusqu'à l'an 1822; in-12.

Catéchisme historique de Fleury, 2 vol. in-12, 34 grav.

OEuvres comp. de J. B. Rousseau, 2 gros vol. in-12.

Caroline de Lichtfield, 2 vol. —Grandisson, 7 vol. in-18.

OEuvres de Gessner, 4 vol. in-8 , pap. vélin , 51 grav.

Révolutions Romaines, de Suede, et de Portugal, par
Vertot, 7 vol. in-8 , pap. vélin, portraits.

Grandeur et décadence des Romains, par Montesquieu,
2 vol. — Réflexions sur les Romains, par Saint-Evremond, 1 vol. in-8 , pap. vél. portraits.

Voyage en Arabie, par Niebuhr, 2 vol. — Description
de l'Arabie , par le même , 1 vol. — Questions sur
l'Arabie, par Michaelis, 1 v. Ensemble 4 vol. in-4, fig.

Lucani Pharsalia, ed. Ant. Aug. Renouard, in-fol., p. vél.

Ciceronis de Officiis libri IV, de Senectute, de Amici-
tia, etc., grand in-4, pap. vélin.

L'Homond Epitome historiæ sacræ , 1 vol. — L'Homond
de Viris illustribus urbis Romæ, 1 vol. — Jouvency
Appendix de Diis et Heroibus poeticis, 1 vol. — Phæ-
drus, cum notis gallicis, 1 vol. — Cornelius Nepos,
1 vol. — Sallustius, 1 vol. — Virgilius, 1 vol. — Hora-
tius, 1 vol. — Selectæ e profanis scriptoribus historiæ,
1 vol. — Orationes ex Livio, Sallustio, Tacito et Cur-
tio collectæ, 1 vol. — Versiculi e sacris scripturis ex-
cerpti, 1 vol. — Ces éditions sont à l'usage des lycées
et maisons d'éducation.

Gilblas, par Le Sage, 6 vol. in-18, avec 7 gravures.

Le même , autre édition, 8 vol. in-18 , avec 29 gravures.

Essai de Physiognomonie, par Lavater, 4 vol. in-4 , fig.
—Le tome 4 peut être acheté séparément.

Dictionnaire bibliographique , 4 vol. in-8.

Dictionnaire bibliographique des éditions du XV siecle,
par de La Serna Santander, 5 vol. in-8.

Dictionnaire bibliologique , par Peignot, 3 vol. in-8.

Curiosités bibliographiques , par le même , in-8.

Dictionnaire des livres condamnés ou supprimés , par le
même, 2 vol. in-8.

Annales de l'imprimerie des Alde , par Ant. Aug. Renouard, 2 vol. in-8 , pap. fin et pap. vélin , portr.

Costumes civils et militaires des peuples de l'antiquité,
par Willemin , 2 vol. in-fol. pap. vélin , avec 180 belles
gravures.

146 gravures pour les OEuvres de Voltaire, d'après de nouveaux dessins de Moreau jeune, in-8. — Les mêmes, avec un supplément de 21 portraits.

SOIXANTE-ONZE portraits, la plupart gravés par Augustin Saint-Aubin, et propres à décorer, soit les éditions annoncées dans cette notice, soit celles de MM. Didot, soit toute autre édition in-18, in-12, et in-8, savoir:

Alfieri, Anne d'Autriche, Bernis, Boileau, Bossuet, Bourdaloue, Buffon, J. César, Charron, Chaulieu, Cicéron, Condé, P. Corneille, Th. Corneille, Crébillon, Delille, Demoustier, Deshoulieres, Diderot, Fénélon, Fléchier, Fontenelle, Franklin, Gessner, Gluck, le comte de Grammont, Gresset, Antoine Hamilton, mademoiselle Hamilton, Henri IV, Homere, Horace, Huber, miss Jennings, La Bruyere, La Fontaine, La Rochefoucauld, La Valliere, Le Sage, Louis XIV enfant, Louis XIV, Mably, mademoiselle de Montpensier, Maintenon, la même d'après Mignard, Malherbe, Alde Manuce, Paul Manuce, Marc-Aurele, Massillon, Mazarin, madame Midleton, Moliere, Montaigne, Montespan, Montesquieu, Ninon de Lenclos, Pascal, miss Price, Racine, Regnard, Mathurin Regnier, le cardinal de Retz, le cardinal de Richelieu, J. B. Rousseau, J. J. Rousseau, Saint-Evremond, Salluste, Turenne, Virgile, Voltaire.

TRENTE-HUIT portraits d'une plus grande dimension, convenant à l'in-8 et à l'in-4. — Bacon, Boileau, Bossuet, Buffon, Catherine II, Charles XII, Condé, Colbert, P. Corneille, d'Alembert, Deshoulieres, mad. du Châtelet, Fénélon, Frédéric II, Henri IV gravé de profil, le même d'après Pourbus, Jeanne d'Arc, La Fontaine, La Valliere, Le Brun, Louis XIV, Louis XV, Maintenon, Marivaux, Metastasio, Moliere, Montespan, Montesquieu, Newton, Ninon de Lenclos, Pascal, Pierre I, Racine, J. J. Rousseau, Sévigné, Turenne, Vertot, Voltaire.

www.ingramcontent.com/pod-product-compliance
Lightning Source LLC
Chambersburg PA
CBHW071941090426
42740CB00011B/1772